김승봉 레전드 경찰헌법
서브노트

2024 완벽대비
경찰채용 필수 회독서

김승봉 편저

1위, 그 이상의 존재감 경찰 수험의 절대공식

| 단기간에 다회독 가능하도록 컴팩트하게 압축·정리 | 방대한 헌법에서 출제 가능성이 높은 개념만 엄선하여 구성 | 복잡한 개념을 도표·도식화하여 한 눈에 개념 파악 가능 |

모두경 김승봉 경찰헌법
동영상강의·무료강의·해설강의·다양한 학습 www.modoocop.com

PREFACE | 이 책의 머리말

Less Is More

서브노트는 왜 필요한가?

서브노트는 시험에 도움이 될까?

합격하기 위해서는 암기가 필수입니다. 암기를 하기 위해서는 반복이 되어야 하고 제한된 시간에서 반복을 하기 위해서는 양을 줄여야 합니다.
그래서 꼭 필요한 것만 줄여놓은 것! 그것이 서브노트입니다.

서브노트 활용법

1. 기본서를 보실 때 옆에 시브노트를 두고 중요사항을 정리하는 용도로 사용해보세요. 이것을 2회독 내지 3회독 정도 하시면 됩니다.

2. 기출문제집을 공부할 때는 기출문제를 먼저 풀고 서브노트로 정리하시면 됩니다.

3. 잠자기 전에, 깨고나서 바로 서브노트를 읽어보는 습관을 가지세요.

2023년 06월

김승봉

CONTENTS | 이 책의 목차

제 1 편　헌법총론

CHAPTER 1	헌법과 헌법학	06
CHAPTER 2	헌법의 수호	11
CHAPTER 3	대한민국헌정사	12
CHAPTER 4	대한민국헌법 일반론	17

제 2 편　기본권론

CHAPTER 1	기본권총론	40
CHAPTER 2	기본권과 제도적 보장	50
CHAPTER 3	포괄적 기본권	62
CHAPTER 4	자유권적 기본권	71
CHAPTER 5	참정권적 기본권	108
CHAPTER 6	청구권적 기본권	123
CHAPTER 7	사회권적 기본권	134
CHAPTER 8	국민의 의무	149

1위, 그 이상의 존재감 -
경찰수험의 절대공식

제 1 편 헌법총론

CHAPTER 01 헌법과 헌법학

01 헌법의 의의

1. 최고의 법(기본권과 통치구조에 관한 최고의 법)
2. 법의 단계

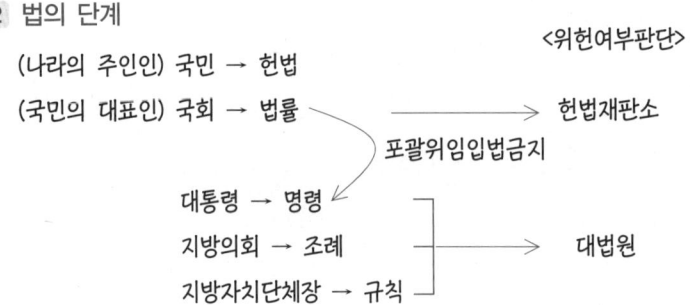

3. 내용

법 - 일반적, 추상적(여러사람, 여러사건에 적용,(원칙) 소송의 대상 X)
처분 - 개별적, 구체적(특정한 사람에게 적용, 소송의 대상 O)

02 분류

제1항 발전과정에 의한 분류

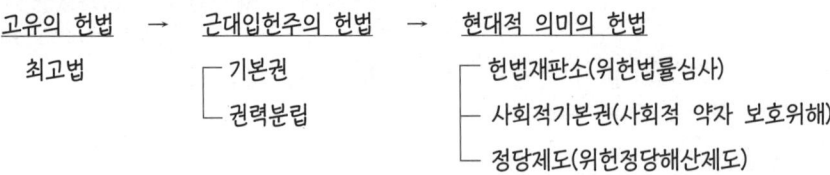

제2항 존재형식에 의한 분류

1.
   - (성문헌법)
     형식적 의미의 헌법
     ↳ 법 이름이 헌법
         ↕ 불일치
           할 수도 있다.
   - (불문헌법)
     실질적 의미의 헌법
     ↳ 법 내용이 헌법
     ↳ 관습법

2. 판례
   ① 수도 이전 = 서울이 수도인 것은 <u>관습헌법</u> → 법률로 이전하는 것은 위헌
                            a. 관행 + b. 국민들의 합의
                                c. 대통령 + 국회소재지가 기준(대법원 X, 국무총리 X)
   ② 관습헌법은 성문헌법과 대등한 효력 O

제3항 개정절차의 난이에 따른 분류

① 경성헌법(딱딱) : 헌법개정절차가 법률의 개정절차보다 어려운 헌법
② 연성헌법(유연한) : 헌법개정절차가 법률의 개정절차와 같은 헌법이다.
③ 성문헌법이 반드시 경성헌법일 필요는 없다.
④ 경성헌법이라도 개정시에 국민투표라는 절차를 반드시 거쳐야 하는 것은 아니다.
⑤ 연성헌법은 경성헌법에 비해 헌법현실에 신축적인 대응이 가능하다.

03 합헌적 법률해석

1 의의

① 법률이 여러 가지로 해석될 때 헌법에 합치되도록 해석
② 헌법의 해석지침 X, "법률의 해석지침" O
③ 사법소극주의 표현(존중해주고 조심) ↔ 적극주의 : 위헌
④ 미국연방대법원 판결에서 유래
⑤ 합헌적법률해석은 정신적 자유를 제한하는 법률보다는 경제·사회적 자유를 제한하는 법률에 주로 적용
⑥ ┌ 한정위헌(~해석하는 한 헌법에 위반된다.)
   └ 한정합헌(~해석하는 한 헌법에 위반되지 않는다.)은 합헌적법률해석의 일종

⑦ 합헌적인 한정축소 해석, 적용범위의 축소에 의한 한정위헌결정은 뜻에서 차이가 있을 뿐 본질적으로는 같은 방법이다.

2 규범통제와의 구별

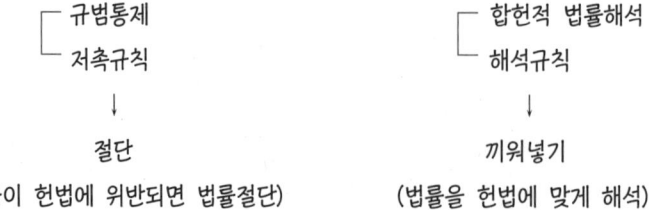

3 한정위헌의 기속력

> ▶ 헌법재판소법 제47조(위헌결정의 효력)
> ① 법률의 위헌결정은 법원과 그 밖의 국가기관 및 지방자치단체를 기속(羈束)한다.

헌재는 기속력 인정 vs 대법원은 기속력 부정

04 | 헌법의 제정과 개정

제1항 헌법제정과 개정의 개념 및 헌법변천과의 구별

- 헌법의 제정과 개정
  - 제정 → 새로 만드는 것
  - 개정 → 동일성을 유지하면서 고치는 것(법조문을 바꾸는 것)
- 헌법변천 ─ 헌법조항은 그대로 두면서 그 의미나 내용이 바뀌는 것
  └ <u>불문국가</u>에서도 헌법의 변천이 가능하다.
     (헌법이 없는 나라)

제2항　우리나라의 헌법개정절차

▶ **헌법**

제128조
① 헌법개정은 국회재적의원 과반수 또는 대통령의 발의로 제안된다.
② 대통령의 임기연장 또는 중임변경을 위한 헌법개정은 그 헌법개정 제안 당시의 대통령에 대하여는 효력이 없다.

제129조
제안된 헌법개정안은 대통령이 20일 이상의 기간 이를 공고하여야 한다.

제130조
① 국회는 헌법개정안이 공고된 날로부터 60일 이내에 의결하여야 하며, 국회의 의결은 재적의원 3분의 2 이상의 찬성을 얻어야 한다.
② 헌법개정안은 국회가 의결한 후 30일 이내에 국민투표에 붙여 국회의원선거권자 과반수의 투표와 투표자 과반수의 찬성을 얻어야 한다.
③ 헌법개정안이 제2항의 찬성을 얻은 때에는 헌법개정은 확정되며, 대통령은 즉시 이를 공포하여야 한다.

▶ **국회법**

제112조(표결방법)
④ 헌법개정안은 기명투표로 표결한다.

▶ **국민투표법**

제92조(국민투표무효의 소송) 국민투표의 효력에 관하여 이의가 있는 투표인은 투표인 10만인 이상의 찬성을 얻어 중앙선거관리위원회위원장을 피고로 하여 투표일로부터 20일 이내에 대법원에 제소할 수 있다.

제93조(국민투표무효의 판결) 대법원은 제92조의 규정에 의한 소송에 있어서 국민투표에 관하여 이 법 또는 이 법에 의하여 발하는 명령에 위반하는 사실이 있는 경우라도 국민투표의 결과에 영향이 미쳤다고 인정하는 때에 한하여 국민투표의 전부 또는 일부의 무효를 판결한다.

1 헌법개정안의 제안

① 헌법개정제안(발의권자) : 국회재적의원 과반수 or 대통령
② 대통령이 헌법개정안을 제안할 때 반드시 국무회의 심의를 거쳐야 한다.
③ 헌법개정안은 기명투표로 표결한다.
④ 헌법개정안은 국민투표에 의하여 국회의원 선거권자 과반수의 투표와 투표자 과반수의 찬성을 얻은 때에 헌법으로 확정된다.

제3항 개정의 한계

1 다수설

모든 헌법조문 개정 O vs 어떤 조문은 개정 X
→ 다수설(한계긍정설)
※ 명문규정의 존재여부에 관계없이 헌법개정에는 일정한 한계가 있다.

2 명문의 규정여부

① 제2차 개정헌법과 제3차 개정헌법에서 개폐가 불가능한 조항을 명시하였으나, 현행법에는 이런 규정이 없다. (제2차 개정헌법에서는 국민주권주의, 민주공화국가, 국민투표에 관한 규정은 개폐할 수 없다고 규정)
② 대통령이 임기연장 또는 중임변경을 위한 헌법개정은 그 헌법개정 제한 당시의 대통령에 대하여는 효력이 없다(헌법 제128조 제2항).

3 한계를 넘은 개정의 효과

① 헌법조문을 위헌결정 할 수는 없다.
② 헌법조문에 대한 헌법소원을 부정(∵ 헌법의 핵과 부수규정 구분 못함)

CHAPTER 02 헌법의 수호

01 저항권

1 의의

저항권 : 기존질서를 유지하기 위해서 저항
　vs
혁명 : 새로운 질서를 만드는 것

2 시민불복종과의 구별

저항권	↔	시민불복종
폭력가능		폭력행사 X
보충성		

3 인정여부

① 헌법에 직접적인 명문규정 X
② 일반적인 견해는 전문에 들어간 '불의에 항거한 4.19 민주이념을 계승하고'라는 문구를 근거로 저항권을 인정함
③ 대법원 판례는 저항권의 존재를 부인

4 내용

① 보충성, 최후수단성
② 국가기관, 지방자치단체, 공법인은 주체 X

5 판례

① 저항권은 보충성의 요건이 적용됨
② 국회법 소정의 협의없는 개의시간의 변경과 회의일시를 통지하지 아니한 입법과정의 하자는 저항권 행사의 대상이 되지 않는다. → 저항권은 국가권력이 무너질 정도!
③ 저항권은 실정법에 근거가 없고 자연법에만 근거하고 있는 한 재판규범으로 원용할 수 없다(대법원).

CHAPTER 03 대한민국헌정사

```
              1 (1952년)
1공           2 (1954년)
----------------------------- 4.19 (1960년)
              3 (1960년 6월)
2공           4 (1960년 11월)
----------------------------- 5.16 (1961년)
              5 (1962년)
3공           6 (1969년)
----------------------------- 7.4 남북공동성명 (1972년)
4공           7 (1972년 10월)
----------------------------- 12.12 사태
5공           8 (1980년)
----------------------------- 6.29 선언
6공           9 (1987년)
```

01 | 제헌헌법(1948년)

두 대단(한) 의사

- 정치제도
  - 의원내각제에 대통령제 가미
  - 단원제
  - 국무원 = 의결기관(의원내각제 요소)
  - 사회적 기본권
- 기본권
  - ① 개별적 법률유보조항 뿐만아니라 일반적 법률유보조항도 있다.
    ↳ 모든 국민의 자유와 권리를 제한할 수 있다는 조항
  - ② 사회적 기본권의 보장
    - 이익균점권
    - 생활무능력자의 보호
    - 혼인의 순결과 가족의 특별한 보호
- 경제질서 - 1948년 제헌헌법은 '경제'의 장과 '재정'의 장을 별도로 둠으로써 경제와 재정의 의미를 강조하였으며, 제헌헌법 제84조에서 "대한민국의 경제 질서는 모든 국민에게 생활의 기본적 수요를 충족할 수 있게 하는 사회정의의 실현과 균형 있는 국민경제의 발전을 기함을 기본으로 삼는다. 각인의 경제상 자유는 이 한계 내에서 보장된다." 라고 하였다.

02 | 제1차 개정헌법(1952년 발췌개헌)

🔑 총 불량이지

① 대통령직선제
② 국회양원제 → 실제로는 못함
③ 국무위원불신임제
④ 국무총리 임명시 국회승인
⑤ 국무위원 임명시 국무총리제청권

> **기출 OX**
> 1차 헌법개정은 정부안과 야당안을 발췌·절충한 개헌안을 대상으로 하여 헌법개정절차인 공고절차를 그대로 따랐다. 20. 국가직 7급 [O X]
> 정답 ×

03 | 제2차 개정헌법(1954년 사사오입개헌)

🔑 초중(학교) 사투리폐지 자발(적으로 결정) 한거

① 초대대통령 중임제한폐지
② 사사오입
③ 국민투표 최초도입(주권의 제약, 영토변경의 경우)
④ 국무총리폐지(대통령 권한 ↑)/ 국무총리 승계 X, 부통령 승계 O
⑤ 자유시장경제
⑥ 발안제도 → 한계 같이 들어옴
⑦ 한계 : 개정의 한계

04 | 제3차 개정헌법(1960년 6월 의원내각제)

🔩 의대 간 법관(과) 정양이 선본(것 아는데) 허가 X

① 의원내각제(대통령권한 ↓)
② 대통령 간선제
③ 대법관 선거제
④ 정당해산조항(헌법재판소 결정)
⑤ 양원제
⑥ 중앙선거관리위원회 신설(각급선거관리위원회는 5차)
⑦ 본질적 내용 침해금지, 공무원의 정치적 중립성
⑧ 언론·출판 사전허가·검열금지조항

05 | 제4차 개정헌법(1960년 11월)(부칙만 개정)

헌법부칙에 반민주행위자처벌법 소급입법 근거마련

06 | 제5차 개정헌법(1962년)

🔩 투표(하세요)! 전직 쓰레기 인간(들은) 고문(하여) 대대(적으로) 단정(한 나라를 만듭시다).

① 국민투표제도(헌법개정안에 대한)
② 전문개정(최초로 전문을 개정한 헌법)
③ 직업의 자유
④ 인간의 존엄, 인간다운 생활
⑤ 고문금지, 자백의 증거능력 제한
⑥ 대통령제
   대법원의 위헌법률심사
   대법관, 대법원장 - 법관추천에 의해 대통령임명
⑦ 단원제
⑧ 정당국가화(당적이탈시 의원직 상실)

07 | 제6차 개정헌법(1969년)

🔑 쎄

3선개헌

08 | 제7차 개정헌법(1972년 10월 유신헌법)

🔑 유신(의) 본질(을 알고싶으면) 언론 통구이 감안(해)

① 유신헌법
② 본질적 내용 침해금지규정 삭제
③ 언론출판 검열금지 삭제
④ 통일주체국민의회 ─ 통일되는 그날까지 지방자치제도 시행 X
　　　　　　　　　├ 무기명 대통령선거
　　　　　　　　　└ 국회의원 1/3 선거권한
⑤ 구속적부심사폐지
⑥ 이중배상금지, 헌법개정의 이원화 ─ 대통령이 제안 → 국민투표 통해서 결정
　　　　　　　　　　　　　　　　└ 국회의원이 제안 → 통일주체국민회의에서 결정
⑦ 국정감사 폐지
⑧ 국민발안제 폐지

　※ 법원의 약화
　① 대통령이 대법원장을 비롯한 모든 법관의 임명권을 행사함
　② 법관을 징계처분에 의하여서도 파면할 수 있도록 함

09 | 제8차 개정헌법(1980년 12.12 사태)

🔑 행정조사 7단인(전두환이) 소중한 환경을 제외(하고) 보조금 지급

① 행복추구권
② 적정임금제도 신설(vs 최저임금제 - 9차)
③ 국정조사
④ 7년 단임제

⑤ 소비자보호
⑥ 중소기업
⑦ 환경권 신설
⑧ 재외국민 보호조항(재외국민 보호의무규정은 - 9차)
⑨ 정당 보조금 지급
⑩ 사생활의 비밀
⑪ 무죄추정
⑫ 연좌제 폐지

10 | 제9차 개정헌법(1987년)

🔧 최저임금(을 못받은) 피해자(에 대한) 임시보상 절차에 저항하는 집회부활

① 최저임금제 실시
② 피해자진술권, 범죄피해자구조청구권
③ 임시정부법통계승
④ 형사피의자보상(피고인은 제헌헌법 때부터 규정)
⑤ 적법절차
⑥ 4.19 민주이념
⑦ 언론·출판에 대한 허가금지 조항 부활

> | 보충
> 헌정사
> ① 2·6 공화국 → 헌법재판소
>   1·3 공화국 → 탄핵재판소(1)
>   탄핵위원회(3)
>   3 공화국 → 대법원
> ② 2·6 공화국 헌법재판소만 권한쟁의 있음
> ③ 헌법소원은 9차만 있음
> ④ 1공화국 탄핵재판소는 부통령이 재판장이다. 그러나 대통령, 부통령탄핵심사는 대법원장이 직무수행

CHAPTER 04 대한민국헌법 일반론

01 | 대한민국헌법의 기본원리

제1항 기본원리의 규범적 의미

1 기본권성 부정

① 헌법의 기본원리가 훼손되었다고 하여 그 점만으로 국민의 기본권이 직접 현실적으로 침해된 것이라고 할 수는 없다.
② 평화적 생존권 - 헌법상 보장된 기본권이라고 할 수 없다.
③ 영토조항 → 기본권 X
   그러나, 영토권을 기본권의 하나로 간주하는 것은 가능

2 해석의 기준여부

기본원리로 기본권이 나오지 않지만(구체적 기본권을 도출하는 근거로 될 수는 없으나) 기본권의 해석 및 기본권제한입법의 합헌성 심사에 있어 해석기준의 하나로서 작용한다.

3 위반의 효과

원리위반 → 헌법위반   법치주의 위반 → 헌법위반
                          (자기책임원리)

제2항 국민주권의 원리

1 조문

> ▶ 헌법 제1조
> ② 대한민국의 주권은 국민에게 있고, 모든 권력은 국민으로부터 나온다.

2 국민주권의 의의

① 주권 ┬ 국민주권 : 5천만 국민이 주인이다. → 대표기관(간접민주제), 대의제, 자유위임, 주민소환 X
       │   무기속 위임
       └ 인민주권 : 개개의 국민이 주인이다. → 직접민주제 원칙, 기속위임, 주민소환 O, 국민투표,
                                          국민발안
② 국민주권의 현대적 의미 : 모든 국가권력의 정당성이 국민으로부터 나온다.

3 사회계약론

1. 국민과 국가가 계약을 맺은 것으로 이해하는 이론
2. 국가의 출발하는 기원을 따져야 하므로 국가이전의 자연상태를 전제로 함
   ① 홉스 : 현실주의자
      만인에 대한 만인의 투쟁을 막기 위해 국가를 창설해야 한다.
      국가에게 절대적 권한을 주어야 한다. 군주에게 모든 계약을 넘긴다(복종계약).
      저항권 인정 X
   ② 로크 : 자유주의자
      국가는 국민의 자유와 권리를 지키기 위해 존재한다.
      권력은 국가에게 위임하는 것, 저항권 인정 O
      노동가치설, 천부인권설
   ③ 루소 : 공화주의자
      국가를 인민의 일반의지에 의해서 운영되어야 한다고 주장

제3항 민주주의

1 의의 - 다수의 지배, 평등을 강조

- 가치상대주의 : 모든 가치는 옳다. 다수결 원칙
- 가치절대주의 : 어떤 가치만 무조건 옳다. 독재로 갈 가능성 높다

  (절충) 가치구속적민주주의 - 인정 ┌ 방어적 민주주의
                                   └ 전투적 민주주의
       → 우리나라 "위헌정당해산제도" 인정

2 방어적 민주주의

① 의의 - 자유의 적에는 자유가 없다.
         민주주의의 적에게는 민주주의를 허용하지 않는다.
② 성격 - 가치구속적 민주주의(아무리 민주주의라 해도 어떤 가치를 넘어서면 안된다)
③ 내용 - 위헌정당해산제도(예 통합진보당 해산), 기본권실효제도

제4항 법치주의

1 의의

① 국가작용은 법으로 다스려야 한다.
   장점 : 예측가능성, 법정안정성
② 헌법에 명문규정 X, 헌법의 기본원리로 작용한다.

③ 사람에 의한 지배는 자의적((恣 : 방자할 자)이 될 수 있으므로 법에 의해서 통치해야 국민의 자유와 권리 그리고 예측가능성을 확보할 수 있다.

④ 현대적 의미의 법치주의는 법에 의한 통치가 아니라 <u>법의 지배</u>를 의미한다.

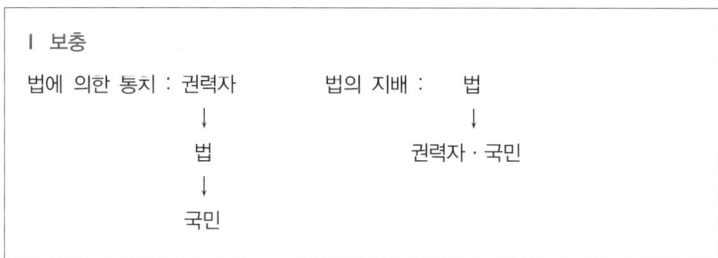

2 종류

- 형식적 법치주의 : 국회에서 만든 법을 따른다(형식을 강조).
- 실질적 법치주의 : 국회에서 만든 법이라도 그 내용도 정의로워야 한다(정당성을 강조).

3 목적

법으로부터 국민의 자유와 권리를 지키기 위해서

4 전제조건

권력분립

5 내용

1. 형식적 법치주의

   (1) 명확성(예측가능성), 일반성(평등)
      ① 포괄위임 X
      ② 처분적 법률 : 개인에게만 적용되는 처분적 법률 원칙적 허용X(그러나, 처분적 법률이 곧바로 위헌 X)

   (2) 법치행정
      국가행정은 법에 근거가 있어야 하고 법을 위반하면 안된다.
      - 법률유보원칙 - 중요사항유보설(통설)
      - 법률우위원칙

   (3) 효율적인 권리구제 수단 필요 - 사법부의 독립성 보장, 신속·공정한 재판

   (4) 신뢰보호와 소급효금지원칙
      - 신뢰보호 : 정의와 안정을 비교형량
      - 소급효금지 : 법을 거꾸로 거슬러 올라가서 적용하면 안된다.

(5) 비례성의 원칙(과잉금지원칙) - 행정목적을 달성하기 위해서 수단을 쓸 때 과잉하면 안된다.
  ① 목 : 목적의 정당성
  ② 적 : 적합성(수단의 적합성)
  ③ 필 : 필요성(피해의 최소성)
  ④ 상 : 상당성(법익의 균형성)

(6) 자기책임의 원칙
  책임 없는 자에게 형벌을 부과할 수 없음

2. 실질적 법치주의
법 내용도 자연법에 맞아야 한다. 즉, 헌법정신에 맞아야 한다(입헌주의).
위헌법률심판제도가 대표적인 내용이다.

> **보충**
> 자연법 : 인간의 이성을 전제로 존재하는 법(예 철학, 종교, 윤리)

6 구체적 사례

1. 소급입법
  - 진정소급입법 : 이미 과거에 완성된 사실 or 법률관계에 대해서 적용되는 것
    - 원칙 : 소급 X
    - 예외 : 정의가 중요하면 소급 O
  - 부진정소급입법 : 아직 완성되지 아니한 사실 or 법률관계에 대해서 적용되는 것
    기대를 깰 만한 공익이 있어야 함
    정의, 안정을 비교형량해서 결정

(1) 진정소급입법

> ▶ 헌법 제13조
> ② 모든 국민은 소급입법에 의하여 참정권의 제한을 받거나 재산권을 박탈당하지 아니한다.

① 진정소급입법이 허용되는 예외적인 경우(헌재 1998.9.30. 97헌바38)
  a. 국민이 소급입법을 예상할 수 있었거나
  b. 법적상태가 불확실하고 혼란스러웠거나 보호할 만한 신뢰의 이익이 적은 경우
  c. 소급입법에 의한 당사자의 손실이 없거나 아주 경미한 경우
  d. 심히 중대한 공익상의 사유가 소급입법을 정당화 하는 경우 등을 들 수 있다.

② 진정소급입법 판례
  a. 이미 전액지급된 공무원 퇴직연금의 일부를 다시 환수하는 것

b. 친일재산
   → 위헌없음, 다 합헌
c. 이미 납세의무가 존재하는 경우에 소급하여 중과세 하는 것
   → 소급입법금지원칙에 위반
d. 부당환급받은 세액을 징수하는 근거규정인 개정조항을 개정된 법 시행 후 최초로 환급세액을 징수하는 분부터 적용하도록 규정한 법인세법 부칙조항
   → 이미 완성된 사실, 법률관계를 규율하는 진정소급입법에 해당함

(2) 부진정소급입법
   ① (법률시행 당시 개발이 진행중인 사업)에 대하여 장차 개발이 완료되면 개발부담금을 부과하려는 것은 이른바 부진정 소급입법에 해당
   ② 장래 이행기가 도래하는 퇴직연금수급권의 내용을 변경하는 것
   ③ 현재 공무원으로 재직 중인 자가 퇴직하는 경우 장차 받게 될 퇴직연금의 지급시기 변경
   ④ 종전에 제한없이 주장이 가능하던 관행어업권에 대하여 수산업법 시행 이후부터는 등록하여야만 주장할 수 있는 것으로 변경
      → 재산권을 소급적으로 박탈하는 규정 X

(3) 시혜적 입법(은혜로 베풀어준다. → 재량이 많다.)

> **기출 OX**
>
> 신법이 피적용자에게 유리한 경우에는 시혜적인 소급입법이 가능하지만, 그러한 소급입법을 할 것인가의 여부는 그 일차적인 판단이 입법기관에 맡겨져 있으므로 입법자는 시혜적 소급입법을 할 것인가 여부를 결정할 수 있고, 그 결정이 합리적 재량의 범위를 벗어나 현저하게 불합리하고 불공정한 것이 아닌 한 헌법에 위반된다고 할 수는 없다. 19. 국가직 7급 [O X]
>
> 정답 O

2. 신뢰보호
   (1) 의의
      ① 법적안정성을 이루기 위해서는 국민이 행위시에 국가의 어떤 작용을 신뢰하고 그에 따라 자신의 행동을 결정하였다면 국가는 그것을 함부로 깨면 안된다.
         ┌ 개인의 신뢰 - 언제나 보호되어야 한다(X).
         │   └ 비교형량(O)
         └ 국가가 유인한 신뢰(더 보호해줘야 하는데 무조건은 X)
      ② 그러나, 법적상태의 존속에 대한 개인의 신뢰는 그가 어느정도로 법적상태의 변화를 예측할 수 있는지 혹은 예측하였어야 하는지 여부에 따라서도 영향을 받을 수 있다.
         → 예측했으면 보호할 필요가 별로 X

(2) 위반의 효과
신뢰보호원칙에 위반되는 법률은 위헌이지만 <u>체계정당성에 위반되는 법률</u>이라는 이유 때문에 바로 위헌이라고는 할 수 없다.
┗┳ ① 이게 법 체계에 맞나?
 ┣ ② 반한다고 해서 바로 위헌이 아니다.
 ┗ ③ 합리적으로 따져봐야 한다.

(3) 적용범위
입시제도 → 국민의 권리에 직접 영향을 미치는 제도운영지침의 개폐에도 적용 O

(4) 명문의 규정
현행헌법은 이를 규정 X

(5) 판례

신뢰보호원칙 위반판례
① 장해보상연금 → 소급입법금지위반 X, 신뢰보호원칙 위반 O
② 특허청 경력공무원 변리사자격 → 변리사법 개정
③ 법 개정 전에 토양오염관리대상시설 양수한 자
④ 지방고시 2차시험

신뢰보호원칙에 위반되지 않는 판례
① 이행강제금 예외 인정 안한 것
② PC방 금연구역
③ 가석방 20년으로 변경 → 이미 수용중인 사람에게 적용
④ 의료기관시설 약국개설을 금지하는 입법을 하면서 1년의 유예기간을 둔 것
⑤ 군인연금법상 퇴역연금을 퇴직 당시 보수월액에서 평균보수월액으로 변경
⑥ 친일재산 국고귀속
⑦ 노래방 5년 유예기간
⑧ 국공립 사범대학 졸업자 우선임용 → 법 만들어줄 의무 X

3. 명확성
(1) 의의
개괄조항이나 불확정법개념의 사용을 금지하는 것이 아니다.
(2) 개개의 법률의 성격에 따른 차이
형법 - 행위규범
민법 - 재판규범 → 추상적인 표현 사용가능
(3) 명확성원칙의 판단기준
최소한의 명확성(이 정도면 됐다.)
순수하게 기술적 개념만으로 구성하는 것은 어렵다.
(4) 법치국가의 원리에서 파생된 원칙이다.
(5) 적용범위
모든 기본권 제한입법에 대하여 요구된다.

(6) 판례

명확성 원칙에 위반되는 경우

① 공중도덕상 유해한 업무 ② 다량, 토사, 현저히 오염
③ 제한상영가 등급의 영화 ④ 정부관리기업체
⑤ 단체협약   ⑥ 가정의례의 참뜻
⑦ 잔인성   ⑧ 아동의 덕성
⑨ 공익을 해할 목적   ⑩ 부끄러운 느낌
⑪ 불온통신   ⑫ 정치단체
⑬ 저속   ⑭ 저해

4. 포괄위임입법의 금지

    (1) 당해 법률의 전반적 체계나 관련규정에 비추어 객관적으로 분명히 확정할 수 있다면 이를 포괄위임에 해당한다 할 수 없다.
    (2) 헌법 제75조에서 규정된 포괄위임금지의 원칙은 법률의 명확성 원칙이 행정입법에 관하여 구체화된 특별규정이다.
    (3) 법률이 처벌규정을 행정입법에 위임하는 경우
        ① 관련 법조항 전체를 유기적, 체계적으로 종합하여 판단
        ② 급부행정의 영역 - 기본권 침해의 영역보다 명확성의 정도가 다소 약화될 수 있다.

5. 기타

    (1) 미결구금을 형에 산입하지 아니하는 것은 적법절차에 위배된다.
    (2) 시행령규정이 법률의 위임없이 면회일수 줄인 것 → 접견교통권 침해
    (3) CCTV를 설치하여 24시간 감시 → 법률유보의 원칙에 위배되지 않는다.
    (4) 형벌불소급의 원칙
        ① 공소시효의 정지규정을 과거에 이미 행한 범죄에 대하여 적용
            → 형벌불소급의 원칙위배 X
        ② 행위시법이 사후폐지 되었음에도 신법이 아닌 행위시법에 의하여 형사처벌하도록 규정하는 것
            → 형벌불소급원칙 보호영역에 포섭되지 아니한다.

    | 보충

    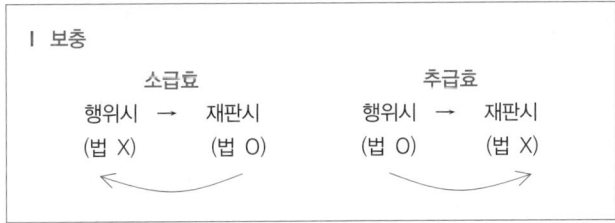

    (5) 체계정당성의 원리

        체계정당성에 위반된다 해서 바로 위헌 X
        → 합리적 사유를 정당화 하는 입법재량 인정

(6) 죄형법정주의

　법률도 입법부에서 제정한 형식적 의미의 법률을 의미

제5항 권력분립원리

```
    의원내각제(상호의존)              대통령제(상호분리)
    입법부      행정부              입법부      행정부
    국회의원  →  수상               국회의원     대통령
      ↑         ↓                   ↑          ↑
     국민       집행                 국민        국민
```

1 의의

① 자유주의적 조직원리로서 발전된 것, 권력이 모이는 걸 막기위해 만든 것
② 특정한 국가기관을 구성함에 있어 입법·사법·행정이 그 권한을 나누어 가지거나 기능적인 부담
　→ 권력분립의 원칙을 실현하는 것

2 판례

① 위임입법의 양적증대와 질적 고도화라고 하는 정치수요의 현대적 변용에 대한 제도적 대응의 불가피하다고 하더라도 권력분립이라는 헌법상의 기본원리와의 조정 또한 불가피하다.
　→ 위임입법은 허용하되 위임입법에 대한 통제도 필요하다.
② 방송통신위원회의 불법정보에 대한 취급거부, 정지, 제한명령
　→ 권력분립정신 위반 X
③ 검사의 10년 이상 구형이 있기만 하면 중대한 피고사건으로 간주되어 구속이 계속
　→ 권력분립정신 위반 O
④ 최초의 공판기일에 공소사실과 검사의 의견만 듣고 결심하여 형 선고
　→ 권력분립정신 위반 O
⑤ 특별검사의 임명에 대법원장이 변호사 중 2인 추천, 대통령이 그 중 1인을 특별검사로 임명 → 권력분립정신 위반 X
⑥ 보안관찰처분대상자 모두에게 출소 후 신고의무를 구체적 처분을 통하여 부과하는 것이 아니라 법률로 직접부과하고 있는 보안관찰법
　→ 권력분립정신 위반 X(처분적법률 내지 개인적 법률에 해당한다고 볼 수 없음)

> **보충**
> 처분적 법률
> ─ 이명박 특검법 O　　　─ 친일반민족행위자처벌법 X
> ─ 연합뉴스기간 통신사 선정 O　─ 연기군(행정수도) X
> ─ 세무대학 폐지 O　　　─ 보안관찰처분대상자신고의무 X

제6항 사회국가원리

1 의의

국가가 사회현상에 관여할 수 있는 국가원리

2 구별

사회주의 : 공산주의에서 출발, 국유가 원칙

≠

사회국가적 시장경제질서 : 자유시장경제가 우선, 사회주의가 가미

3 판례

① 노인주택정책 → 쾌적한 주거활동을 할 수 있도록 노력해야할 의무를 부담 O(제35조 제3항)
② 국민건강보험 지역가입자, 직장가입자 차별취급 → 평등권원칙 위배 X
③ 제32조 제1항(모든 국민은 근로의 권리를 가진다.)
    → 직장존속보장청구권 인정 X
    → 생계비지급청구권 인정 X
④ 소득에 대하여 누진세율에 따른 종합과세를 시행하여야 할 헌법적 의무가 없다.
⑤ 제34조 제1항(모든 국민은 인간다운 생활을 할 권리를 가진다.)을 보장하기 위한 헌법적 의무를 다하였는지의 여부가 사법적 심사의 대상이 된 경우
    → 입법을 전혀하지 X, 현저히 불합리, 헌법상 용인될 수 있는 재량의 범위를 명백히 일탈한 경우에 헌법에 위반된다 할 수 있다.

제7항 문화국가원리

▶ 헌법 제9조
국가는 전통문화의 계승·발전과 민족문화의 창달에 노력하여야 한다.

1 불편부당의 원칙

(1) ① 아주 공평하여 어느쪽으로도 치우침이 없음
    ② 오늘날의 문화국가에서의 문화정책은 그 초점이 문화 그 자체에 있는 것이 아니라 문화가 생겨날 수 있는 문화풍토를 조성하는 데 두어야 한다.
(2) 엘리트문화 뿐만 아니라 서민문화, 대중문화도 포함

2 전통문화계승
  (1) 동성동본금혼 위헌
  (2) 과거의 어느 일정시법에서 역사적으로 존재하였다는 사실만으로 모두 헌법의 보호를 받는 전통이 되는 것은 아니다(예 호주제도 위헌).
  (3) 민족문화유산의 존속 그 자체를 보장하는 것이고 원칙적으로 민족문화유산의 훼손 등에 관한 가치보상이 있는지 여부는 이러한 헌법적 보호법익과 직접적인 관련이 없다.

02 대한민국헌법의 기본질서

제1항 자유민주적 기본질서

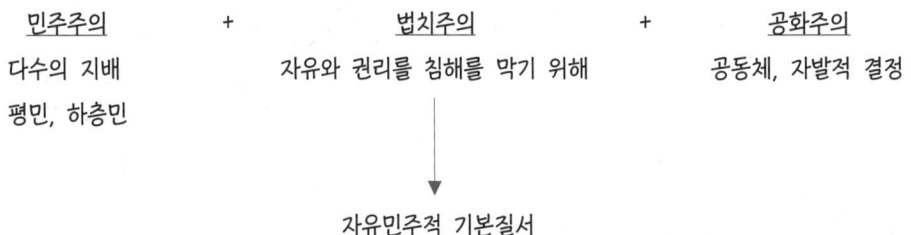

민주주의	+	법치주의	+	공화주의
다수의 지배		자유와 권리를 침해를 막기 위해		공동체, 자발적 결정
평민, 하층민				

↓

자유민주적 기본질서

관련판례

우리 헌법상의 자유민주적 기본질서의 내용은 ① 기본적 인권의 존중 ② 권력분립 ③ 의회제도 ④ 복수정당제도 ⑤ 선거제도 ⑥ 사유재산과 시장경제를 골간으로 한 경제질서 및 사법권의 독립 등을 의미한다.

제2항 사회적 시장경제질서

liberalism	socialism	communism
자유주의자(우파)	사회주의자	공산주의자(좌파) Max
↓	↓	↓
개인주의	사회적기본권	사유재산제 부정(국유제)
자유주의	사유제한 약간 인정	능력에 따라 일하고 필요에 따라 분배.
능력에 따른 분배		국가가 경제에 개입(계획경제)
보이지 않는 손		
사유재산제		

▶ 헌법

제121조
① 국가는 농지에 관하여 경자유전의 원칙이 달성될 수 있도록 노력하여야 하며, 농지의 소작제도는 금지된다.
② 농업생산성의 제고와 농지의 합리적인 이용을 위하거나 불가피한 사정으로 발생하는 농지의 임대차와 위탁경영은 법률이 정하는 바에 의하여 인정된다.

제123조
① 국가는 농업 및 어업을 보호·육성하기 위하여 농·어촌종합개발과 그 지원등 필요한 계획을 수립·시행하여야 한다.
② 국가는 지역간의 균형있는 발전을 위하여 지역경제를 육성할 의무를 진다.
③ 국가는 중소기업을 보호·육성하여야 한다.
④ 국가는 농수산물의 수급균형과 유통구조의 개선에 노력하여 가격안정을 도모함으로써 농·어민의 이익을 보호한다.
⑤ 국가는 농·어민과 중소기업의 자조조직을 육성하여야 하며, 그 자율적 활동과 발전을 보장한다.

제124조
국가는 건전한 소비행위를 계도하고 생산품의 품질향상을 촉구하기 위한 소비자보호운동을 법률이 정하는 바에 의하여 보장한다.

제126조
국방상 또는 국민경제상 긴절한 필요로 인하여 법률이 정하는 경우를 제외하고는, 사영기업을 국유 또는 공유로 이전하거나 그 경영을 통제 또는 관리할 수 없다.

1 제119조

제1항 : 원칙(자유시장경제질서)

제2항 : 예외(규제와 조정)

2 제119조 제1항 관련판례

① 의료광고 전면금지 → 위헌
② 기업에 특단의 사정이 없는 한 → 불개입을 원칙
③ 과실책임원칙
④ 농지개량사업 → 승계인에게 이전되도록 강제하는 것 인정
⑤ 제119조 → 헌법적 지침일 뿐, 기본권의 성질을 가진다고 할 수는 없다.

3 제119조 제2항 관련판례

① 국민연금제도 → 헌법의 시장경제질서에 위배되지 않는다.
② 경제주체 간의 조화를 통한 경제민주화 → 개인의 기본권을 제한하는 국가행위를 정당화하는 헌법규범이다.
③ '자도소주구입명령제도' → 위헌
④ 독과점규제의 목적이 경쟁의 회복
　→ 독과점규제의 목적을 실현하는 수단 또한 자유롭고 공정한 경쟁을 가능하게 하는 방법이어야 한다.

4 제121조

경작하지 아니하는 농지를 비사업용 토지 → 세금많이 → 재산권침해 X → 규제 → 합헌

5 제123조

조직이 제대로 기능하지 못하는 경우에는 단순히 그 조직의 자율성을 보장하는 것에 그쳐서는 안 되고 적극적으로 이를 육성하여야 할 의무 까지도 수행하여야 한다.

6 제126조

운수종사자의 운송수입금전액 납부의무 → 위반X(통제할 수 있다)

7 소비자불매운동

1. 의의

    하나 또는 그 이상의 운동주도세력이 소비자의 권익을 향상시킬 목적으로 개별 소비자들로 하여금 시장에서 특정 상품의 구매를 억지하거나 제3자로 하여금 그렇게 하도록 설득하는 조직화된 행위를 의미한다.

2. 판례

    ① 특정한 사회, 경제적 또는 정치적 대의나 가치를 주장, 옹호하는 것
        → 소비자불매운동 → 헌법상 보호 O
    ② 하나 또는 그 이상의 소비자가 동일한 목표로 함께 의사를 합치하여 벌이는 운동이면 모두 이에 포함된다.
        → 꼭 단체일 필요 X
    ③ 소비자불매운동은 모든 경우에 있어서 그 정당성이 인정될 수 없고 헌법이나 법률의 규정에 비추어 정당하다고 평가되는 범위에 해당하는 경우에만 형사책임이나 민사책임이 면제된다.
    ④ 제124조가 아니더라도 제21조에 따라 보장되는 정치적표현의 자유, 헌법 제10조에 내제된 일반적 행동의 자유의 관점 등에서 보호받을 가능성이 있다(2010도13774).

제3항 평화주의적 국제질서

1 평화적 통일의 지향

> ▶ 헌법 제4조
> 대한민국은 통일을 지향하며, 자유민주적 기본질서에 입각한 평화적 통일 정책을 수립하고 이를 추진한다.

2 국제평화주의와 국군의 정치적 중립성

▶ 헌법 제5조
① 대한민국은 국제평화의 유지에 노력하고 침략적 전쟁을 부인한다.
② 국군은 국가의 안전보장과 국토방위의 신성한 의무를 수행함을 사명으로 하며, 그 정치적 중립성은 준수된다.

제5조 : 침략적 전쟁 X, 방어적 전쟁 O

3 국제법존중주의와 외국인의 지위보장

▶ 헌법

제6조
① 헌법에 의하여 체결·공포된 조약과 일반적으로 승인된 국제법규는 국내법과 같은 효력을 가진다.
② 외국인은 국제법과 조약이 정하는 바에 의하여 그 지위가 보장된다.

제73조
대통령은 조약을 체결·비준하고, 외교사절을 신임·접수 또는 파견하며, 선전포고와 강화를 한다.

제6조 ①항(조약)
제6조 ②항(상호주의)
1. 헌법에 의하여 체결된 조약
    (1) 조약의 의의
        <u>국제법 주체</u>간의 서면에 의한 합의
        국가 ↔ 국가
                    UN
    (2) 체결절차
        ① 대통령 권한(체결, 비준)
        ② 국무회의 심의사항
        ③ 국회의 동의 O - 국내법과 동일한 효력 - 헌법 X
                        법률 O → 위반시 헌법재판소가 심사
                        명령 ┐
                        조례 ├ 위반시 대법원이 심사
                        규칙 ┘

> **기출 OX**
>
> 모든 조약안에 대해서 국무회의 심의를 거쳐야 하는 것은 아니고 국회의 동의를 요하는 조약안에 대해서만 국무회의 심의를 거치면 된다. 19. 소방간부 [O X]
>
> 정답 ×

2. 일반적으로 승인된 국제법규
   (1) 인정된 것
      ① 국제관습법
      ② 일반적으로 승인된 조약

   (2) 인정되지 않은 것
      ① 인권에 대한 세계선언
      ② 국제노동기구(ILO) 조약
      ③ 국제노동기구 산하 결사의 자유위원회 권고
      ④ 교원의 지위에 관한 권고
      ⑤ 양심적 병역거부가 일반적으로 승인된 국제법규로서 우리나라에 수용될 수는 없다.
      ⑥ 결사의 자유 및 단결권보장에 관한 협약

3. 판례
   ① 세계인권선언 → 효력 X
   ② 마라케쉬협정 → 조약 O
      동맹 동반가 관계를 위한 전략대화 출범에 관한 공동성명 → 조약 X
   ③ 한미주둔지위협정(SOFA) → 국회의 동의를 요하는 조약 O
   ④ 법률적 효력을 갖는 조약 → 위헌법률심판의 대상 O → 헌법소원심판대상 O
   ⑤ 대한민국과 일본국가 간의 어업에 관한 협정 → 조약 O
   ⑥ 한미무역협정(FTA) ┌ 국회동의 O → 조약 O → 법률적 효력 인정
                    └ 헌법개정절차에서의 국민투표권이 침해될 가능성 X
   ⑦ 국회의원의 심의·표결권 ┌ 국회의 대내적인 관계에서 행사
                        └ 대통령이 국회의 동의없이 조약을 체결, 비준하였다 하더라도 국회의원의 심의·표결권이 침해될 가능성 X
   ⑧ 적법하게 체결된 조약 ┌ 국내법 효력 O
                     └ 새로운 범죄를 구성하거나 범죄자에 대한 처벌가중될 수 있다.
   ⑨ 부정수표단속법조항 → 위헌 X
   ⑩ 비엔나협약에 근거한 민사면책특권 외국대사관 강제집행 X
      → 국민의 손실을 보상하는 법률을 제정해야 할 입법의무 X
   ⑪ 특정의 외국농산물을 긴급수입제한조치를 더 이상 연장하지 않겠다는 취지의 대한민국정부와 외국과의 합의 → 반드시 공포하여 국내법과 같은 효력을 부여할 필요 X

03 | 대한민국 헌법전문

1 전문

① 필수요소인가? X
② 재판규범이 될 수 있는가? O
③ 기본권이 될 수 있는가? X(∴ 헌법소원 불가)
④ 어떤 내용인가?

헌법전문에 규정된 내용인 것	헌법전문에 규정된 내용이 아닌 것
① 대한민국임시정부의 법통 계승	① 5.18
② 4·19 민주이념 계승	② 권력분립
③ 조국의 민주개혁	③ 전통문화의 계승
④ 자유민주적 기본질서	④ 경제민주화
⑤ 자유과 권리에 따르는 책임과 의무	⑤ 복수정당제
⑥ 국민생활의 균등한 향상	⑥ 민족문화의 창달
⑦ 세계평화와 인류공영	

2 본문

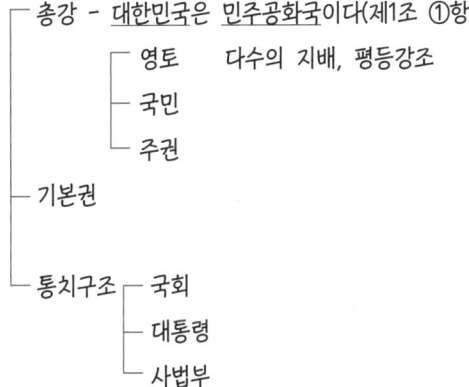

― 총강 ― 대한민국은 민주공화국이다(제1조 ①항).
　　　　　┬ 영토　　다수의 지배, 평등강조
　　　　　├ 국민
　　　　　└ 주권
― 기본권
― 통치구조 ┬ 국회
　　　　　　├ 대통령
　　　　　　└ 사법부

3 판례

① 독립유공자 - 유족에 대해 응분의 예우해야 할 헌법적 의무 O
② 위안부피해자 - 적극적 노력 O, 작위의무 O

04 | 대한민국 헌법 총강

제1항 국민과 재외국민의 보호

1 국민

> ▶ 헌법 제2조
> ① 대한민국의 국민이 되는 요건은 법률로 정한다.
> ② 국가는 법률이 정하는 바에 의하여 재외국민을 보호할 의무를 진다.

1. 국적
   (1) 국적의 취득
   ① 국가의 생성과 더불어 존재하는 것 → 국적취득은 입법부재량 X
   ② 국가의 생성과 더불어 발생하고 국가의 소멸은 바로 국적상실사유 이다.
   ③ 국적의 취득, 유지, 소멸은 법으로 정해야 한다.

   ─ a. 선천적 취득
     ⓐ 출생당시 父 또는 母가 대한민국 국민인 자(부모양계혈통주의)
     ⓑ 유복자 → 사망당시 父의 국적이 대한민국 국민이었던 자
     ⓒ 父, 母 모두 분명하지 않거나 국적이 없는 경우
     ⓓ 기아 → 대한민국에서 출생한 것으로 <u>추정</u>

   ─ b. 후천적 취득 - 인지, 귀화, 국적회복, 수반취득
     ⓐ 인지 ─ 신고
            ─ 대상 : 미성년자일 것(대한민국 민법상)
            ─ 출생당시 父 또는 母가 대한민국 국민이었을 것

     ⓑ 귀화 - 허가
        - 순수외국인이 우리나라 국적을 취득하는 것
        - 종류 ─ 일반귀화 : 대한민국에서 5년이상 거주요건
                          품행의 단정 - 명확성 위반 X
                          생계유지 능력 있을 것

               ─ 간이귀화 : <3년이상 주소가 있을 것>
                   1. 부 또는 모가 대한민국 국민<u>이었던 자</u>
                   2. 출생   +   출생
                      父 또는 母   자녀
                   3. <u>성년</u>일 때 입양된 사람

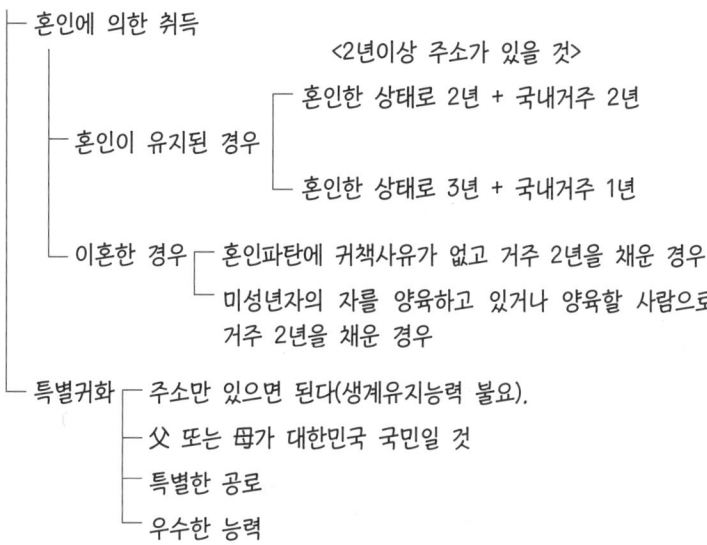

  ⓒ 국적회복 - 허가
   대한민국 국민이었던 자가 우리나라 국적을 취득하는 것
  ⓓ 수반취득 - 父 또는 母가 대한민국 국적을 취득할 때 미성년자가 함께 취득하는 것

(2) 국적포기 의무

- 대한민국 사람 → 외국국적 취득 : ① 자진취득 ┬ 취득한 때 우리나라 국적 상실
                 └ 부동산은 3년 내에 처리해야 함
           ② 비자진취득 - 6月 내 국적보유신고
- 외국사람 → 대한민국 국적 취득 : ① 외국국적 1년 내에 포기
           ② 외국국적 불행사 서약 → 외국국적유지 가능
           ③ ① 또는 ②를 불이행 → 1년 지나면 대한민국 국적 상실

기출 OX

1. 대한민국 남자와 결혼하여 국적을 취득한 여자는 이혼하였다고 하여 한국국적을 상실하는 것은 아니다. 19. 서울시 7급 ◯ ✕

2. 대한민국의 국민으로서 자진하여 외국 국적을 취득한 자는 그 외국 국적 취득 신고를 한 때에 대한민국 국적을 상실한다. 18. 지방직 7급 ◯ ✕

정답 1. ◯ 2. ✕

(3) 복수국적자의 지위
  ① 대한민국 국민으로 본다.
  ② 중앙행정기관의 장이 복수국적자를 외국인과 동일하게 처우하는 내용으로 법령을 제정 또는 개정하려는 경우에는 미리 법무부장관과 협의하여야 한다.

(4) 국적선택 제도
  ① 국적선택 ─ 만 20세 되기 전에는 만 22세 전까지, 만 20세가 된 후에는 2년 내에
              ├ <u>병역준비역으로 편입된 자(18세) - 3개월 안에 결정</u>
              │ 불행사 서약하면 선택X   예외없이 3개월 경과하면 국적이탈로 보는 것
              │   判) 국적이탈의 자유 침해 O
              ├ 원정출산 : 병역의무 이행 안하면 국적이탈 X
              └ 국적선택을 하지 않은 자 : 법무부장관이 1년 내에 선택할 것을 명함
                                          따르지 않은 경우 선택명령이 떨어지고 1년 지나면
                                          대한민국 국적 상실

  ② 판례
    a. 대한민국 국적으로부터 이탈한다는 뜻을 신고하지 않는 이상 병역의무가 해소되기 전에는 대한민국국적에서 이탈할 수 있는 예외를 전혀 두지 않고 있다. → 피해의 최소성원칙에 위반된다.

    ┌─ 기출 OX ──┐
    │ 복수국적자는 제1국민역에 편입된 날부터 3개월 이내에 대한민국 국적을 이탈하지 않 │
    │ 으면 병역의무를 해소한 후에야 국적이탈이 가능하도록 한 것은 과잉금지원칙에 위반하 │
    │ 여 국적이탈의 자유를 침해하는 것이다. 18. 국회직 5급   O X │
    │   정답 O │
    └──┘

    b. 병역관련 이중국적자의 국적선택자유를 제한할 수 있는 사유를 대통령령으로 정한 국적법 제12조 제1항 → 포괄위임입법금지원칙에 위반 X
    c. 외국인이 개인이 특정한 국가의 국적을 선택할 권리가 자연권으로서 또는 우리 헌법상 당연히 인정된다고 할 수 없다.
    d. 외국인이 복수국적을 누릴 자유 → 행복추구권 보호 X

2 재외국민의 보호

1. 재외국민
   ① 국외에 거주하고 있으나 국적유지 O
   ② 재외동포 ─ 외국국적자 중 대한민국 국적을 보유하였던 자 or 그 직계비속
              ─ 재외국민 + 외국국적동포
              ─ 헌법 제2조 제2항의 재외국민 보호의무 규정이 중국동포의 이중국적 해소 또는 국적선택권을 위한 특별법 제정의무를 명시적으로 위임한 것이라고 볼 수 없다.

   ③ 재외선거인
      재외국민 중에서 국내에 주소, 거소가 안되어 있는 자 ─ 국민투표 가능
                                                    ─ 지역구국회의원선거 X
                                                    ─ 보궐선거 X

2. 판례
   ① 재외선거인을 국민투표못하게 하는 것 → 위헌
   ② 조선인을 부친으로 하여 출생한 자가 북한국적취득 → 대한민국 국적 인정 O
   ③ 해직공무원 이민을 사유로 보상제한 → 위헌 X
   ④ 사할린 지역 강제동원 희생자의 범위를 1990.9.30. 까지 사망 또는 행방불명된 사람으로 제한하고 대한민국국적을 가지지 않는 유가족을 위로금지급대상에서 제외하는 것 → 위헌 X
   ⑤ 1948년 정부수립이전이주동포를 재외동포의출입국과법적지위에관한법률 적용대상에서 제외하는 것 → 위헌, 평등원칙 위배

제2항 영토

1 영토

▶ 헌법

제3조 대한민국의 영토는 한반도와 그 부속도서로 한다.
제4조 대한민국은 통일을 지향하며, 자유민주적 기본질서에 입각한 평화적 통일 정책을 수립하고 이를 추진한다.

· 문제점 : 북한을 나라로 인정할 것인가? 제3조는 인정 X, 제4조는 인정 O

2 북한의 지위

① 제3조, 제4조의 성격을 모두 가진다. : 동반자 + 반국가단체(이중적 지위)
② 국가보안법 vs 남북교류협력에관한법률 : 전혀 다른 법이므로 형법 제1조 제2항 적용 X
                                    (일반법 - 특별법 관계 X)

③ 북한을 반국가단체로 보고 있는 국가보안법 → 평화통일원칙에 모순 X
④ 남북사이의 화해와 불가침 및 교류·협력에 관한 합의서
  → 일종의 신사협정 O, 국가간의 조약 또는 이에 준하는 것 X, 국내법과 동일한 효력 인정 X

3 북한이탈주민

> ▶ 북한이탈주민법 제2조 제1호
> "북한이탈주민"이란 군사분계선 이북지역(이하 "북한"이라 한다.)에 주소, 직계가족, 배우자, 직장 등을 두고 있는 사람으로서 북한을 벗어난 후 <u>외국 국적을 취득하지 아니한 사람</u>을 말한다.

① 북한을 벗어난 후 외국국적을 취득하지 않는 사람
② 북한주민은 강제동원조사법상 위로금 지급 대상인 대한민국 국적을 갖지 아니한 사람에 해당하지 않는다 (= 위로금 지급대상에 해당 O).
③ 북한 의과대학을 졸업한 탈북의료인 → 바로 국내의사면허 바로 부여할 의무 X
④ 마약거래자를 보호대상자로 결정 X → 인간다운 생활을 침해 X

4 어업협정

독도를 중간수역으로 정한 한일 간 어업협정 → 영토조항에 위반 X

MEMO

1위, 그 이상의 존재감 - 경찰수험의 절대공식

제 2 편
기본권론

CHAPTER 01 기본권총론

01 | 기본권의 개념

- 인권 ↔ 기본권
  (자연권) (헌법상 권리, 실정법상 권리)
  　　　　　　　└ 명문화
  기본권이 있어야 헌법소원 청구 가능

02 | 기본권의 법적성격

- 이중적 성격 : 권리인 동시에 법이다.
  　　　　　주관적 공권 + 객관적 가치질서

03 | 기본권의 주체

1 기본권 보유능력, 기본권행사능력
　① 기본권 보유능력 : 국민
　② 기본권 보유능력 ≠ 민법상 권리능력
　③ 기본권 행사능력 : 기본권 능력을 가지고 있음을 전제로 실제로 행사할 수 있는 권리
　　　　　　　(예 선거권)

> **기출 OX**
>
> 기본권보유능력은 국민이면 누구나 가지는 것이지만, 사자(死者)에게는 인정의 여지가 없다. 17. 소방간부
>
> O X
>
> 정답 ×

2 주체

- 국민
  - 내국인
    - 자연인 : 기본권 O
    - 태아 - 기본권 주체 O
    - 초기배아 - 수정되었고 착상 X, 원시선이 나타나지 않은 상태(헌재)
      기본권 주체 X, 보호의무 O
    - 아동, 청소년, 미성년자 독자적 인격체, 보호 O
  - 외국인
    - 인간의 권리면 외국인도 인정 O : 인간의 존엄과 가치, 행복추구권
    - 국민의 권리면 외국인은 인정 X : 선거권
- 법인
  - 사법인(개인법인)
    - 법인이 누릴 수 있는 기본권 인정
      (예 언론출판의 자유 O, 재산권 보장 O)
    - 자연인에게 인정되는 기본권 부정
      (예 행복추구권 X, 인간의 존엄과 가치 X)
  - 비법인재단(=권리능력 없는 재단) : 정당(기본권 주체 O, 헌법소원 가능)
  - 공법인(공적인 법인)
    - 원칙 : 기본권 주체성 X
    - 예외 : a. 사경제주체, b. 지배복종관계, c. 독립된 고유업무
    - (1) 공법인(기본권 주체 X)
      ① 서울특별시의회
      ② 지방자치단체 장
      ③ 농지개량조합
    - (2) 공법인 + 사법인(기본권 주체 O)
      ① 축협중앙회
      ② 한국전력공사
      ③ 상공회의소
      ④ 국립대학
      ⑤ 방송사업자
- 대통령 : 헌법기관으로서의 지위에서는 원칙적 X,
  사인으로서의 지위로서는 기본권 O

기출 OX

대학의 자치에 있어서 대학 전 구성원이 자율성을 갖지만, 대학·교수회·교수 모두가 단독, 혹은 중첩적으로 주체가 될 수는 없다. 17. 국가직 7급   O X

정답 X

04 | 기본권의 효력

- 대국가적 효력(원칙)
- 대사인적 효력(간접적용설, 判) - 기본권의 객관적 가치질서의 성격을 강조하면 기본권의 대사인적 효력을 인정할 수 있다.

기출 OX

사법(私法)의 일반조항을 통하여 직접 적용된다고 보는 것이 통설과 판례의 입장이다. 17. 소방간부 O | X

정답 ×

05 | 기본권의 경합과 충돌

1 의의

- 기본권의 경합 ┬ 동일한 주체
  └ 밀접한 관련이 있고 기본권침해가 가장 큰 기본권을 주로 판단
- 기본권의 충돌 - 상이한 주체
  ┬ a. 법익형량 → 우월한 기본권 인정
  └ b. 규범조화적 해결

기출 OX

1. 공무담임권과 직업의 자유가 경합하는 경우 특별기본권인 직업의 자유의 침해여부만 심사하면 된다.
   17. 국회직 9급 O | X
2. 사생활의 비밀과 통신의 비밀이 경합하는 경우 특별한 기본권인 사생활의 비밀의 침해여부를 심사하면 된다.
   17. 국회직 9급 O | X

정답 1. × 2. ×

2 기본권 경합의 해결방법

기본권경합시 사안과 가장 밀접한 관계에 있고 침해 정도가 큰 주된 기본권을 중심으로 판단한다.

3 기본권 충돌의 해결방법

(1) 법익형량(우월한 것)
① 수업권 < 수학권
② 흡연권 < 혐연권
③ 소극적단결권 < 적극적단결권

(2) 규범조화적 해석(대등한 경우)
　① 친양자제도
　② 채권자취소권
　③ 반론권과 언론의 자유
　④ 개인적단결권과 집단적단결권
　⑤ 교원노조와 알권리

06 | 기본권의 제한과 한계

1 의의

기본권의 제한이란 기본권의 내용을 합법적으로 축소하는 것, 제한이 헌법에 위반하면 기본권 침해이다.

2 제한의 형식

헌법에 의한 제한 ─ 일반적 헌법유보 : 명문규정 X
　　　　　　　　├ 개별적 헌법유보 ─ 정당(제8조)
　　　　　　　　│　　　　　　　　├ 언론·출판의 자유(제21조)
　　　　　　　　│　　　　　　　　├ 재산권(제23조)
　　　　　　　　│　　　　　　　　├ 국가배상(제29조)
　　　　　　　　│　　　　　　　　└ 단체행동권(제33조)
　　　　　　　　└ 국가긴급권에 의한 제한(법률의 효력을 가지는 명령)
　　　　　　　　　　① 긴급재정, 경제명령, 긴급명령에 의한 제한
　　　　　　　　　　　├ 내란, 외환, 천재지변, 집회를 기다릴 여유가 없을 때(긴급재정, 경제명령)
　　　　　　　　　　　└ 교전상태, 집회가 불가능 한 때(긴급명령)

> 判) 긴급재정경제명령이 헌법 제76조 소정의 요건과 한계에 부합하는 것이라면 그 자체로 목적의 정당성, 수단의 적정성, 피해의 최소성, 법익의 균형성이라는 기본권 제한의 한계로서의 과잉금지원칙을 준수하는 것이 되는 것이다.

　　　　　　　　　　② 비상계엄에 의한 제한
　　　　　　　　　　　제77조 ─ 제1항 : 전시, 군사상 필요, 병력으로써
　　　　　　　　　　　　　　　├ 제2항 : 비상계엄
　　　　　　　　　　　　　　　│　　　　경비계엄
　　　　　　　　　　　　　　　└ 제3항 : 비상계엄이 선포된 때에는 법률이 정하는 바에 의하여 영장제도, 언론, 출판, 집회, 결사의 자유, 정부나 법원의 권한에 관하여 특별한 조치를 할 수 있다(국회 X).

└ 법률에 의한 제한
　├ 의의 ┬ 제한적 법률유보(자유권) - 기본권을 제한하는 법률유보
　│　　　├ 구체화 법률유보(재판청구권) - 내용, 절차, 방법이 법률로 구체화
　│　　　└ 형성적 법률유보(사회권적 기본권) - 내용이 법률에 의해 형성되는 법률유보
　└ 종류 ┬ 일반적 법률유보 → 제37조 제2항
　　　　　└ 개별적 법률유보

3 일반적 법률유보

> ▶ 제37조
> ② 국민의 모든 자유와 권리는 국가안전보장·질서유지 또는 공공복리를 위하여 필요한 경우에 한하여 법률로써 제한할 수 있으며, 제한하는 경우에도 자유와 권리의 본질적인 내용을 침해할 수 없다.

1. 대상과 목적

① <u>모든</u> 국민의 자유와 권리
　일반적 법률유보
　단, 절대적 기본권은 제한 X
　(예 양심형성의 자유, 신앙의 자유)

② ┬ 국가안보
　 ├ 질서유지
　 └ 공공복리

③ 필요한 때
　과잉금지원칙
　┬ 목적의 정당성
　├ 수단의 적합성
　├ 피해의 최소성
　└ 법익의 균형성

2. 형식(법률로써)

(1) 형식 ┬ 원칙 : 법률
　　　　　└ 예외 : 명령(위임이 있는 경우 법규명령으로 가능, 행정규칙으로도 가능)
　　　　　　※ 국민의 자유와 권리를 ┬ 제한하면 법규명령
　　　　　　　　　　　　　　　　　　└ 제한하지 않으면 행정규칙

(2) 판례
　① 법률에 근거한 규율
　　기본권의 제한에는 법률적 근거가 필요할 뿐이고 기본권 제한의 형식이 반드시 법률의 형식일 필요는 없다.
　② 본질적인 사항
　　국회가 제정하는 법률에 근거를 두는 것만으로 충분한 것이 아니라 국회가 직접 결정함으로써 실질에 있어서도 법률에 의한 규율이 되도록 하여야 한다.
　③ 행정규칙으로 위임
　　┬ 업무의 성질상 위임이 불가피한 사항에 한정 O
　　└ 반드시 구체적, 개별적으로 한정된 사항 O

④ 조직규범 → 근거법률이 될 수 없다.
　　사법시험 과락제도 - 법률유보의 원칙 위반 X (∵ 이것은 집행명령)
　　동별대표자 대통령령 위임 - 법률유보의 원칙 위반 X (∵ 본질사항 X)

(3) 법률은 명확하고 일반적이어야 한다.
　① 명확성 원칙에 반하는 경우
　　a. 공중도덕상 유해한 업무
　　b. 다량, 토사, 현저히 오염
　　c. 제한상영가 등급의 영화를 상영 및 광고·선전에 있어서 일정한 제한이 필요한 영화라고 정의
　　d. 정지단체
　　e. 자동차를 이용하여 범죄를 한 때
　　f. 공익을 해할 목적

(4) 처분적 법률
　① 특정한 법률이 이른바 처분적 법률에 해당한다고 하더라도 그러한 이유만으로 곧바로 헌법에 위배되는 것은 아니다. 합리적인 이유로 정당화되는 경우 허용 O
　② 예 ┌ 세무대학 폐지, 이명박 특검법, 연합뉴스 기간통신사선정 → 처분적법률 O
　　　　└ 보안관찰처분대상자 신고의무, 친일반민족, 연기군(행정도시) → 처분적법률 X

(5) 법령보충적 행정규칙
　'법률에 근거한 규율'을 요청하는 것이고 기본권 제한은 위임의 구체성과 명확성을 구비하기만 하면 위임입법에 의해서도 기본권제한은 가능하다. → 전문적·기술적 분야 인정 O

4 기본권 제한의 한계

1. 과잉금지원칙(방법)
　(1) 의의
　　① 목적의 정당성, 수단의 적합성, 법익의 균형성, 침해의 최소성을 내용으로 한다.
　　② 방법 또는 수단의 적합성은 반드시 가장 합리적이며 효율적인 수단을 선택하여야 하는 것은 아니라고 할지라도 현저하게 불합리하고 불공정한 수단의 선택은 피하여야 한다.

　(2) 근거
　　법치주의, 헌법 제37조 제2항

　(3) 판례
　　① ┌ 우선 기본권 행사의 "방법"에 관한 규제
　　　　　　　　↓ 안되면
　　　　└ 기본권 행사의 "여부"에 관한 규제

② 필요적 규정 - 재량 X
　임의적 규정 - 재량 O
　→ 임의적 규정으로도 되는 경우에 필요적 규정을 두었다면 최소침해의 원칙에 위배된다.
③ 학교폭력 가해학생에 출석정지조치 취함에 있어 기간의 상한을 두지 않은 것
　→ 최소한의 정도 넘지 X(피해자 보호)
④ 과잉금지원칙에 위배되는 경우

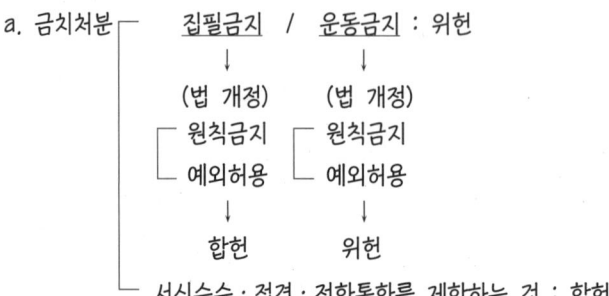

　　　　└ 서신수수·접견·전화통화를 제한하는 것 : 합헌
　　b. 운전면허를 받은 사람이 자동차 등을 이용하여 살인 또는 강간 등 행안부령이 정하는 범죄행위
　　　　┌ 필요적으로 운전면허 취소 : 위헌(우발적으로나 실수로 사람을 죽인 걸 수도 있기때문)
　　　　└ 임의적으로 운전면허 취소 : 합헌
　　c. 목적의 정당성이 부정된 판례
　　　　ⓐ 동성동본금혼
　　　　ⓑ 노동단체의 정치자금기부에 대한 금지
　　　　ⓒ 기초의회의원선거에서 정당의 영향을 배제
　　　　ⓓ 혼인빙자간음죄
　　d. 수단의 적합성이 부정된 판례
　　　　ⓐ 변호사시험 성적 합격자에게 공개 X(알 권리 침해)
　　　　ⓑ 공무원의 신분이나 직무상 의무와 관련이 없는 범죄의 경우에도 퇴직연금을 제한
　　　　ⓒ 교원의 신분이나 직무상 의무와 관련이 없는 범죄의 경우에도 퇴직급여 및 퇴직수당을 제한
　　e. 관세법상 미신고 수입물품을 감정한자 에게도 국내도매가격에 상당한 금액을 필요적 추징
　　f. 조세미납자 미납에 대한 사유가 없다는 이유만으로 출국금지처분
　　g. 은닉, 보유, 보관된 문화재에 대하여 필요적 몰수
⑤ 과잉금지원칙에 위배되지 않는 경우
　　a. 소취하간주의 경우에도 변호사 보수를 소송비용에 산입(∵구제수단 있어)
　　b. 흉기를 휴대하여 피해자에게 강간상해를 가하였다는 범죄사실 등으로 징역 13년을 선고받아 형집행 중인 수형자를 교도소장이 다른 교도소로 이송함에 있어 4시간 정도에 걸쳐 상체승의 포승과 앞으로 수갑 2개를 채운 것
　　c. 의료법에 따라 개설된 의료기관이 당연히 국민건강보험 요양기관이 되도록 규정한 국민건강보험법 조항

    d. '법관이 그 품위를 손상하거나 법원의 위신을 실추시킨 경우'를 징계사유로 하는 법률규정
    e. 준강도 처벌규정
    f. 민사법정 내 보호장비 사용행위
    g. 전자장비부착기간에 구금기간 산입 안하는 것
2. 본질적 내용(한계) → 침해할 수 없다.
    사형제도 - 본질적 내용 침해 X
    비록 생명을 빼앗는 형벌이라 하더라도 헌법 제37조 제2항 단서에 위반 X(95헌바1)

07 | 기본권의 보호

제1항 기본권의 확인의무와 보장의무

1 기본권 보호의무

> ▶ 제10조 후문
> 국가는 개인이 가지는 불가침의 기본적 인권을 확인하고 이를 보장할 의무를 진다.

1. 의의
    ① 국가는 개인이 가지는 ② 불가침의 기본적 인권을 확인하고 이를 ③ 보장할 의무를 진다.

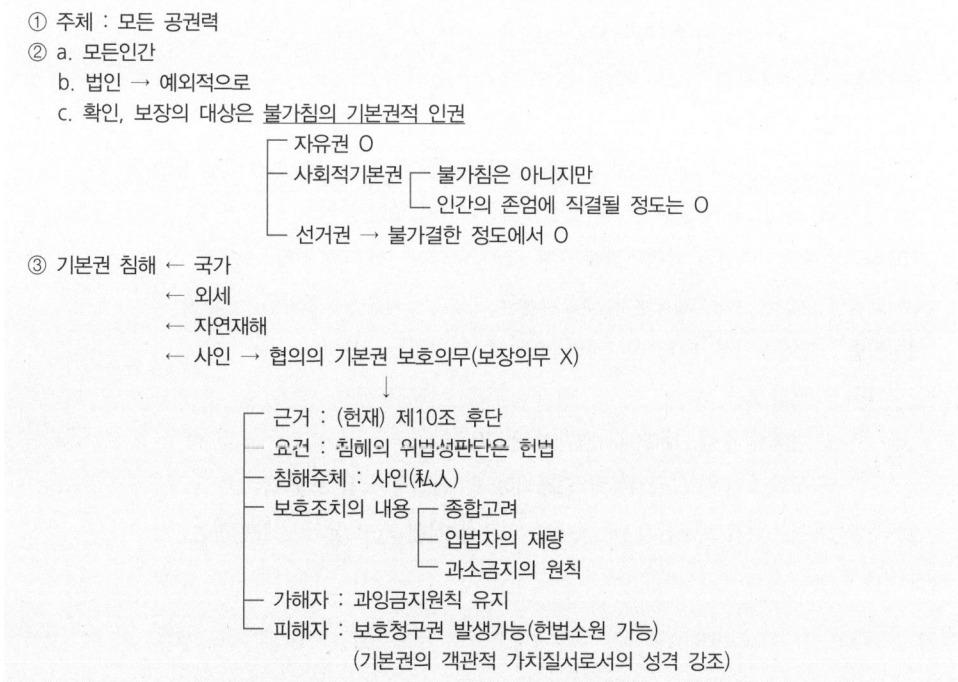

2. 내용
① 국민의 생명·신체의 안전이 질병 등으로부터 위협받거나 받게 될 우려가 있는 경우 국가는 이를 보호하기에 필요한 적절하고 효율적인 입법·행정상의 조치를 취하여 그 침해의 위험을 방지하고 이를 유지할 포괄적인 의무를 진다.
② 기본권 보호의무는 국가의 보호의무 없이는 타인에 의하여 개인의 신체나 생명 등 법익이 무력화될 정도의 상황에서만 적용된다.
③ 원칙적으로 입법자의 책임범위이므로 헌재는 제한적으로 보호의무이행을 심사한다.

2 과소보호금지원칙

헌재는 국가가 보호하기 위하여 적어도 적절하고 효율적인 "최소한의 보호조치"를 취하였는지 여부를 기준으로 삼아야 한다.

> **기출 OX**
> 헌법재판소는 기본권 보호의무 위배 여부를 심사하는 기준으로 과잉금지원칙을 채택하고 있다. 20. 법행
> O X
> 정답 X

3 판례
① 공직선거법 ┬ 소음규제 안한 것 : 위헌
              └ 소음기준 없이 확성기 사용 : 과소보호금지원칙 위반 O
② 교통사고 공소제기
    ┬ 사망 - 공소제기 O
    ├ 중상해 - 공소제기 X(위헌 O, 재판절차진술권 위배 O), 단, 보호의무 위반 X
    └ 상해 - 공소제기 X(위헌 X), 과소보호금지원칙 위반 X
③ 미국산 쇠고기수입의 위생조건에 관한 고시 → 과소보호금지원칙 위반 X
④ 태평양전쟁 - 국내강제동원자 의료지원금 제외 → 기본권보호의무 위배 X
⑤ 민법 - 전부노출설 - 사람만 권리, 의무 O / 형법 - 진통설
    태아 ┬ 권리 X
         ├ 살아서 출생, 태아 때 몇가지 권리인정
         └ 국회 : 일반적 권리능력 인정해야 할 헌법적 요청 도출 X
⑥ 주방용오물분쇄기 사용금지 → 개인의 기본권 침해 X(∵ 국가가 제한하는 것)

제2항 기본권의 침해와 구제

1 위헌법률심판에 의한 구제

> ▶ 헌법 제107조
> ① 법률이 헌법에 위반되는 여부가 <u>재판의 전제</u>가 된 경우에는 <u>법원</u>은 <u>헌법재판소</u>에 제청하여 그 심판에 의하여 재판한다.
> ② <u>명령·규칙 또는 처분</u>이 헌법이나 법률에 위반되는 여부가 재판의 전제가 된 경우에는 <u>대법원</u>은 이를 최종적으로 심사할 권한을 가진다.
> ③ 재판의 전심절차로서 행정심판을 할 수 있다. 행정심판의 절차는 법률로 정하되, 사법절차가 준용되어야 한다.

2 국가인권위원회에 의한 구제

1. 조문

> ▶ 국가인권위원회법
>
> **제47조(피해자를 위한 법률구조 요청)**
> ① 위원회는 진정에 관한 위원회의 조사, 증거의 확보 또는 피해자의 권리 구제를 위하여 필요하다고 인정하면 피해자를 위하여 대한법률구조공단 또는 그 밖의 기관에 법률구조를 요청할 수 있다.
> ② 제1항에 따른 법률구조 요청은 피해자의 명시한 의사에 반하여 할 수 없다.
>
> **제44조(구제조치 등의 권고)**
> ① 위원회가 진정을 조사한 결과 인권침해나 차별행위가 일어났다고 판단할 때에는 피진정인, 그 소속 기관·단체 또는 감독기관(이하 "소속기관등"이라 한다.)의 장에게 다음 각 호의 사항을 권고할 수 있다.
>   1. 제42조 제4항 각 호에서 정하는 구제조치의 이행
>   2. 법령·제도·정책·관행의 시정 또는 개선
> ② 제1항에 따라 권고를 받은 소속기관등의 장에 관하여는 제25조 제2항부터 제6항까지를 준용한다.

> ─ 기출 OX ─
> 1. 국가인권위원회는 피해자의 권리 구제를 위해 필요하다고 인정하면 피해자를 위하여 피해자의 명시적 의사에 관계없이 대한법률구조공단 또는 그 밖의 기관에 법률구조를 요청할 수 있다. 17. 국가직 7급 O X
> 2. 국가인권위원회는 협의권고, 조정 등을 할 수 있을 뿐이지 구제조치의 이행 및 시정명령을 할 수는 없다. 11. 법원직 9급 O X
>
> 정답 1. X 2. O

2. 판례
① 국가인권위원회는 법률로 만들어진 기관일 뿐 헌법에 의하여 설치되고 헌법과 법률에 의하여 독자적인 권한을 부여받은 국가기관이라고 할 수 없어 권한쟁의 심판의 당사자능력이 인정되지 않는다.
② 국가인권위원회가 한 진정에 대한 기각결정은 행정처분이므로 행정심판소송을 먼저 다투어야 하고 곧바로 헌법소원심판을 청구할 수 없다(보충성 충족 X).
③ 국가인권위원회 위원 퇴직 후 2년간 공직취임 X, 선거출마 X → 평등권침해 O

CHAPTER 02 기본권과 제도적 보장

01 제도적 보장

기본권   제도
↓   ↓
헌법상 권리   직업공무원제도
               정당제도
               지방자치제도

1 의의

제도보장 : 역사적으로 형성된 제도를 헌법에서 보장하는 것
- 기본권 - 최대한 보장
- 제도보장 - 최소한 보장

2 내용

① 기존에 형성된 제도
② 헌법에 보장한 이유 → 입법으로부터 제도 보장 위해
③ 제도 축소, 변형 O → 제도를 폐지, 본질적 내용침해 X
④ 기본권 - 최대한 보장
   제도적 - 최소한 보장
⑤ 제도적 보장도 객관적 법규범인 동시에 재판규범으로서의 성격 O

02 정당제도와 정당의 자유

제1항 정당의 개념

▶ 정당법 제2조(정의)
이 법에서 "정당"이라 함은 국민의 이익을 위하여 책임있는 정치적 주장이나 정책을 추진하고 공직선거의 후보자를 추천 또는 지지함으로써 국민의 정치적 의사형성에 참여함을 목적으로 하는 국민의 자발적 조직을 말한다.

1 의의

- 정치적, 사회적 개념 → 권력획득을 목적으로 하는 투쟁단체
- 법적개념
  - ① 국가와 헌법질서를 긍정 → 근거 : 제8조 제4항
  - ② 국민을 위하여 정치적 주장이나 정책을 추진해야 한다.
    - ↳ only 특정집단의 이익을 활동하는 단체는 정당 X
    - ↳ but, 일부계층민의 이익만을 위한 정당도 O
  - ③ 공직선거에 후보자를 추천, 지지해야 한다(선거에 참여).
    - ↳ 압력단체, 이익단체와의 구별
  - ④ 어느정도 계속성이고 고정적이어야 한다.
    - ↳ 5도시, 각 시도당 1000명 → 합헌
  - ⑤ 자발적 결사
  - ⑥ 당원이 자격

제2항 정당의 성격

법인격 없는 사단
- 중앙당
- 지구당 → 어느 정도 독자성을 가진 단체

제3항 정당의 지위

매개체 설

제4항 헌법상 정당조항

▶ 제8조
① 정당의 설립은 자유이며, 복수정당제는 보장된다.
② 정당은 그 목적·조직과 활동이 민주적이어야 하며, 국민의 정치적 의사형성에 참여하는데 필요한 조직을 가져야 한다.
③ 정당은 법률이 정하는 바에 의하여 국가의 보호를 받으며, 국가는 법률이 정하는 바에 의하여 정당운영에 필요한 자금을 보조할 수 있다.
④ 정당의 <u>목적이나 활동</u>이 <u>민주적 기본질서</u>에 위배될 때에는 <u>정부</u>는 헌법재판소에 그 해산을 제소할 수 있고, 정당은 <u>헌법재판소</u>의 심판에 의하여 해산된다.

1. 제8조의 의미
   ① 제도보장
   ② 결사의 자유의 특별규정
   ③ 헌법개정금지조항
   ④ 헌법의 수호 → 방어적 민주주의

2. 연혁
   ― 1960년 제2공화국에서 최초규정
   ― 1962년 제3공화국에서 정당국가화 경향
   ― 1980년 제5공화국에서 국고보조금

3. ① 정당의 헌법상 지위
   ― 헌법기관설
   ― 사적결사설
   ― 중개적권력설 → 근거 ― 자발적 조직 → 헌법기관 X
      (헌재의 태도)   ― 국민의 의사와 국가의 의사를 매개하는 것 ↔ 사적결사설 과의 차이
   ② 법적형태 ― 법인격 없는 사단(헌재)
              ― 혼성체의 결사
   핵심은 정당의 분쟁발생 시 → 민사사건으로 해결할 것인가?

1 제8조 제1항(정당설립의 자유와 복수정당제의 보장)

― 정당 : 선거에 참여
         국민전체의 정치적 의사형성에 영향
         헌법질서를 긍정
         계속성
         상당한 기간, 상당한 조직 - 5개 도시(합헌)

― 자유 : 국가로부터의 자유 → 정당조직의 국가화와 관제화 금지
         ① 허가제(위헌)
         ② 등록제(합헌) → 지역정당 막기 위해서
         ③ 지구당 폐지(합헌)

― 복수정당제 : 야당의 존재를 인정해서 가치의 다양성을 존중하는 취지
              ― 일당제 위헌
              ― 다원적 정당제 보장 → "야당의 존재와 정치적 이견의 존중"

1. 결사의 자유의 특별규정

    헌법 제8조는 일반결사에 관한 헌법 제21조에 대한 특별규정이므로 정당의 자유에 관하여는 헌법 제8조 제1항이 우선적으로 적용된다.

2. 기본권 여부

    <경찰청장은 퇴직일로부터 2년 이내에는 정당의 발기인이 될 수 없다는 경찰청법에 대한 헌법소원 사건>

    이 사건 법률조항으로 말미암아 침해된 기본권은 '정당의 설립과 가입의 자유'의 근거규정으로서, '정당설립의 자유'를 규정한 헌법 제8조 제1항과 '결사의 자유'를 보장하는 제21조 제1항에 의하여 보장된 기본권이다.

3. 내용

    (1) ① ┌ 정당해산의 자유, 합당의 자유, 분당의 자유, 정당탈퇴의 자유 포함
          └ 정당설립의 자유는 정당존속의 자유, 정당활동의 자유 포함

    ② 정당의 자유는 개인뿐만 아니라 단체도 정당의 기본권을 가진다.

    ③ 군소정당을 배제하기 위한 입법 → 헌법상 허용 X

    ④ 등록취소된 정당 → 기본권 인정 O

    ⑤ 복수정당제 인정 O

    ⑥ 정당명칭의 자유 포함

    ⑦ 권리능력 없는 사단 인정 O

    (2) 법률유보대상여부, 가처분 허용여부

    ① 정당활동의 자유 역시 헌법 제37조 제2항의 일반적법률유보의 대상이다.

    ② 정당해산심판시 까지 활동정지 가처분조항은 직권 또는 신청이 가능하다.

    (3) 엄격한 비례심사

    입법자는 정당설립의 자유를 최대한 보장하는 방향으로 입법, 제37조 제2항에 따라 엄격한 비례심사를 하여야 한다.

2 제8조 제2항(정당의 자유의 한계규정 O, 근거규정 X)

1. 기능 → 매개체 기능
2. 권리 → 후보자추천, 선거의 특권
3. 의무 ┬ (1) 정당내부조직의 민주화 의무
   │   ① 민주주의원칙 ┬ 자유로운의 사행성
   │   ├ 참여보장
   │   ├ 상향식
   │   ├ 다수결원리
   │   └ 소수자보호
   │   ② 근거 ┬ 정당의 헌법상기능수행
   │   │   └→ 상향식이 되기 위해서
   │   │   └→ 후보자공천의 민주화가 중요
   │   └ 정당의 과두화 경향의 배제
   │   └→ 과두화의 철칙(정당의 리더십)
   │   ③ 정당공천 : 공천과정도 선거의 기본원칙이 요구된다.
   │   선거과정의 필수부분(정당공천이 선거에 결정적인 영향을 미친다.)
   │   ④ 실효성확보문제 : 내부질서가 민주화 안되면 법적규제보다는 여론의 통제가 필요
   └ (2) 정당조직기준에 관한 의무 : 정당등록취소와 명칭사용금지
                                      ↓
                              "작은정당 해산제도"

3 제8조 제3항(정치자금법상 정당보조금)

① 정당의 국가적 보호
② 정당운영자금의 국고보조 ┬ 선거권자 총수 × 800원
                          └ 보조금의 용도제한

   보조금 차등 → 합헌

4 제8조 제4항(위헌정당해산규정)

제5항 정당의 성립과 소멸

1 정당의 성립

> ▶ 정당법 제4조(성립)
> ① 정당은 중앙당이 중앙선거관리위원회에 등록함으로써 성립한다.

· 허가제는 위헌

2 당원의 자격

· 국회의원 선거권 있는 자는 <u>누구든지</u> 정당의 발기인 및 당원이 될 수 있다.
  예외) 공무원 X, 국무위원 O, 대통령 O
        외국인 X, 사립학교 교사 X(대학교수는 가능)

① 초, 중등학교 교원의 정당가입 금지 → 합헌 ┬ 제7조
                                              └ 제31조
② 검찰총장, 경찰청장 2년간 정당가입 금지
    → 위헌(정당설립의 자유 침해)
③ 선관위 공무원에 대하여 특정정당이나 후보자를 지지·반대하는 단체의 가입·활동을 금지
    → 합헌

3 정당설립의 기준

> ▶ 정당법
> 제17조(법정시·도당수) 정당은 5 이상의 시·도당을 가져야 한다.
> 제18조(시·도당의 법정당원수) ① 시·도당은 1천인 이상의 당원을 가져야 한다.

제17조, 제18조는 합헌이다.

4 정당의 운영

> ▶ 정당법 제33조(정당소속 국회의원의 제명)
> 정당이 그 소속 국회의원을 제명하기 위해서는 당헌이 정하는 절차를 거치는 외에 그 소속 국회의원 전원의 2분의 1 이상의 찬성이 있어야 한다.

5 정당의 소멸

① 국회의원선거에 참여하여 의석을 얻지 못하고 유효투표총수의 100분의 2 이상을 득표하지 못한 정당에 대해 그 등록을 취소하도록 한 것
→ (위헌) 정당설립의 자유를 침해한다.

② ①번에 의해 등록취소된 정당의 명칭과 같은 명칭은 등록취소된 날부터 최초로 실시하는 임기만료에 의한 국회의원선거의 선거일까지 정당의 명칭으로 사용할 수 없도록 한 것 → (위헌)

6 정당의 해산

> ▶ 헌법 제8조
> ④ 정당의 목적이나 활동이 민주적 기본질서에 위배될 때에는 정부는 헌법재판소에 그 해산을 제소할 수 있고, 정당은 헌법재판소의 심판에 의하여 해산된다.

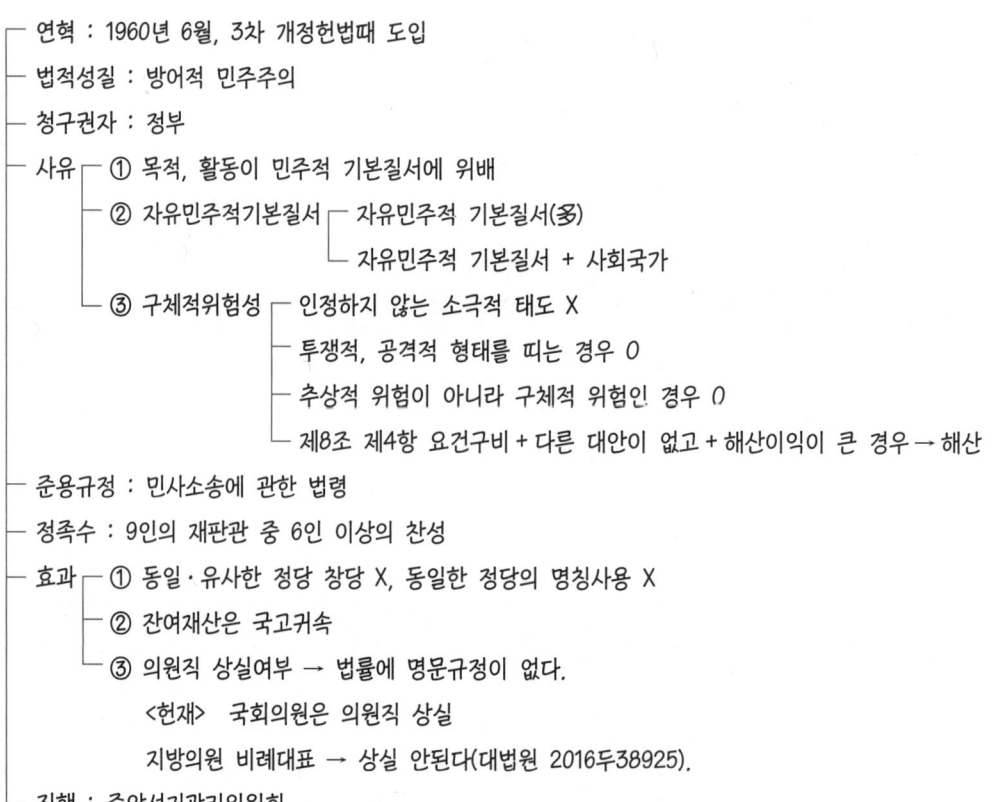

- 연혁 : 1960년 6월, 3차 개정헌법때 도입
- 법적성질 : 방어적 민주주의
- 청구권자 : 정부
- 사유
  - ① 목적, 활동이 민주적 기본질서에 위배
  - ② 자유민주적기본질서
    - 자유민주적 기본질서(多)
    - 자유민주적 기본질서 + 사회국가
  - ③ 구체적위험성
    - 인정하지 않는 소극적 태도 X
    - 투쟁적, 공격적 형태를 띠는 경우 O
    - 추상적 위험이 아니라 구체적 위험인 경우 O
    - 제8조 제4항 요건구비 + 다른 대안이 없고 + 해산이익이 큰 경우 → 해산
- 준용규정 : 민사소송에 관한 법령
- 정족수 : 9인의 재판관 중 6인 이상의 찬성
- 효과
  - ① 동일·유사한 정당 창당 X, 동일한 정당의 명칭사용 X
  - ② 잔여재산은 국고귀속
  - ③ 의원직 상실여부 → 법률에 명문규정이 없다.
    <헌재> 국회의원은 의원직 상실
    지방의원 비례대표 → 상실 안된다(대법원 2016두38925).
- 집행 : 중앙선거관리위원회

7 기타

① 비례대표 → 100분의 50 이상을 여성추천
② 교섭단체에게만 정책위원배정 → 합헌
③ 정당에 후원회금지 → 위헌
④ 상임위원회 전보조치 → 합헌
⑤ 기초의원 정당표방금지 → 위헌
⑥ 대통령후보경선과정에서 여론조사 결과 반영은 공권력행사 X
⑦ 단체는 정치자금기부금지 → 합헌
　　　　　　vs
　노동단체기부금지 → 위헌

03 지방자치제도

제1항 지방자치제도의 의의와 유형

1 취지
국가의 개입으로부터 벗어나기 위함

2 의의
- 정의규정은 없다.
- (일정한 지역을 단위 + 주민에 의하여 선출된 기관 + 주민의 복리에 관한 사무를 처리하는) + 공법상 법인

3 유형
- 단체자치 : 국가가 단체를 만들어 줌, 대륙법계
- 주민자치 : 주민들이 스스로 참여, 영미법계

우리나라는 단체자치 + 주민자치 포함

4 기능
권력분립의 실현

제2항 지방자치제도의 법적성격(제도보장)

① 본질적 내용 침해 금지
② 최소보장 → 모든 지방자치단체 폐지는 위헌

제3항 지방자치단체의 내용

▶ 헌법

제117조
① 지방자치단체는 주민의 복리에 관한 사무를 처리하고 재산을 관리하며, 법령의 범위안에서 자치에 관한 규정을 제정할 수 있다.
② 지방자치단체의 종류는 법률로 정한다.

제118조
① 지방자치단체에 의회를 둔다.
② 지방의회의 조직 · 권한 · 의원선거와 지방자치단체의 장의 선임방법 기타 지방자치단체의 조직과 운영에 관한 사항은 법률로 정한다.

1 제117조

제1항 : 지방자치단체의 사무와 권한
제2항 : 지방자치단체의 종류는 법률로 정한다.

1. 헌법적 보장의 내용
   (1) 자치단체의 보장
      ① 단체보장의 의미 ─ a. 개별자치단체의 존속을 보장하는 것은 X
                        └ b. 독립적, 배타적 지배 X
                             (영토고권)
      ② 지방자치단체의 폐치, 분합 → 기본권 ┬ 청문권 침해 O
                                          ├ 평등권 O   ┐ 헌법소원
                                          └ 참정권 내지 공무담임권 침해 ┘ 대상 O

   (2) 자치권한의 보장

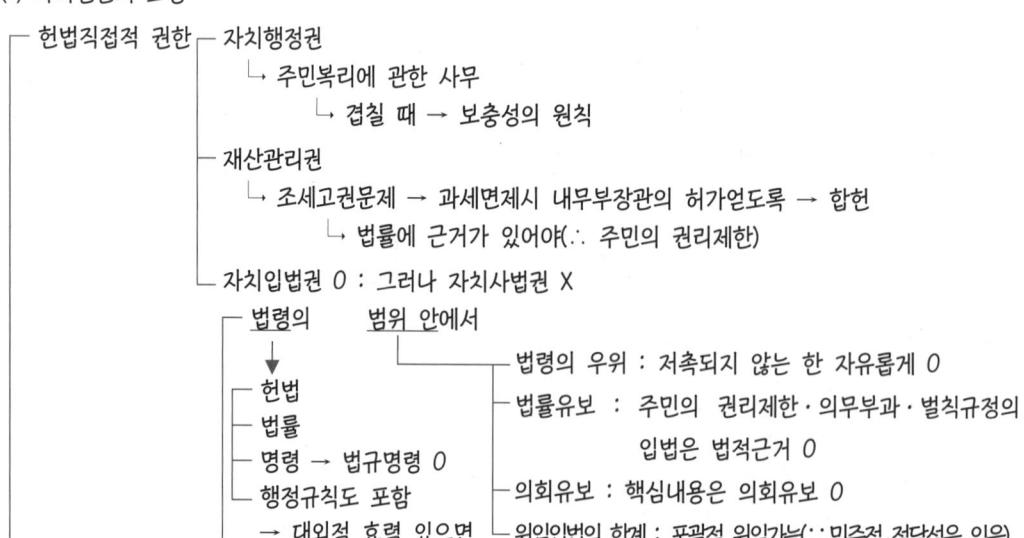

                    └ 자치에 관한 규정
                          ┌ ① 자치의 의미 : "스스로 다스린다"
                          ├ ② "자치에 관한 규정"의 의미 : 주민의 복리
                          └ ③ 조례 ┬ a. 규정대상 : 헌법과 법령의 범위 안에서 +
                                  │   지방자치단체의 사무에 관한 것
                                  ├ b. 범위 : 자치사무와 단체위임사무 O
                                  │   기관위임사무는 X
                                  │   └ 예외적으로 개별법령에 있으면 가능
                                  ├ c. 포괄적 위임 O
                                  └ d. 국가법령존재시 조례는 법령에 위반되면 효력 X
                                       ┌ 저해하는 바 X   ┐
                                       └ 용인하는 취지이면 ┘ 효력 O

  └ 법적권한 : 자치행정권 보장
              영토고권 X

  (3) 자치사무의 보장
   ┌ 보충성의 원칙
   └ 자기책임성 원칙

2. 천안아산역 사건
   특정자치단체의 존속을 보장한다는 것은 아니므로 독점적, 배타적으로 지배할 수 있는 권리가 부여되어 있다고 할 수 없다.

   ┌ 기출 OX
   │
   │ 지방자치법 제4조제1항에 규정된 지방자치단체의 구역은 주민·자치권과 함께 지방자치단체의 구성요소
   │ 로서 자치권을 행사할 수 있는 장소적 범위를 말하며, 자치권이 미치는 관할구역의 범위에 육지는 포함
   │ 되나 공유수면은 포함되지 않는다. 20. 국회직 5급   O | X
   │   정답 X

2 제118조

  1. 지방의회
     ① 의결기관으로서의 지방의회의 설치(필수)
     ② 반드시 법률로 정해라 ← 행정부 개입을 막기 위해서
  2. 지방자치단체의 장의 선거권은 헌법상 권리이다(법률상 권리 X).
  3. 주민투표권은 헌법상권리 X

> **기출 OX**
>
> 지방자치법이 주민투표권을 규정하여 주민이 지방자치사무에 직접 참여할 수 있는 길을 열어 놓고 있다 하더라도 이러한 제도는 어디까지나 입법자의 결단에 의하여 채택된 것일 뿐 헌법이 이러한 제도의 도입을 보장하고 있는 것은 아니다. 17. 법행 ○ ×
>
> 정답 ○

제4항 지방자치단체의 종류와 성격

1. 종류(지방자치법)
    ① 특별시, 광역시, 특별자치시·도, 특별자치도(광역)
    ② 시, 군, 구(기초)

2. 주민소환
    ① 사유를 묻지 않는 것(합헌) ∵ 재선거니까
    ② 법률상권리 O, 헌법상권리 X
    ③ 지방자치제도의 본질적 내용 X
    ④ 발의시 권한정지 합헌

3. 조례

> ▶ **지방자치법 제28조(조례)**
> 지방자치단체는 법령의 범위 안에서 그 사무에 관하여 조례를 제정할 수 있다. 다만, 주민의 권리 제한 또는 의무 부과에 관한 사항이나 벌칙을 정할 때에는 법률의 위임이 있어야 한다.

- 법령의 범위 안
- 주민의 권리 제한 또는 의무부과에 관한 사항이나 벌칙을 정할 때는 위임이 있어야
  (예) 세자녀 양육비지원시 위임규정 필요 X(∵ 양육비 지원은 권리제한 or 의무부과 X)
- 포괄적 위임가능
- 조례제정 범위 ─ 자치사무 O → 지방선거사무는 자치사무(判)
    ├ 단체위임사무 O : 지방자치단체에게(예 서울시) 위임
    └ 기관위임사무(지방자치단체장에게 위임) X : 개별법령에 위임이 있으면 가능

4. 지방자치단체의 사무와 감독
    (1) 감사의 범위
        ① 지방자치단체의 자치사무에 관하여 국가가 감사를 실시할 수는 있으나, 법령위반사항에 대하여만 가능하다.

② 행정안전부장관은 특정한 법령위반행위가 확인되었거나 위법행위가 있었으리라는 합리적 의심이 가능한 경우이어야 하고, 또한 그 감사대상을 특정해야 한다.
③ 포괄적·사전적 일반 감사나 위법사항을 특정하지 않고 개시하는 감사 또는 법령위반사항을 적발하기 위한 감사는 모두 허용될 수 없다.
④ 감사원은 포괄적·사전적·합법성·합목적성 심사 가능

5. 권한쟁의

▶ 헌법 제111조
① 헌법재판소는 다음 사항을 관장한다.
　4. 국가기관 상호간, 국가기관과 지방자치단체간 및 지방자치단체 상호간의 권한쟁의에 관한 심판

① 지방의회의원과 그 지방의회의장 간의 권한쟁의는 권한쟁의심판에 해당하지 않는다.
　부천시의회　　　부천시의장

6. 지방자치단체장과 지방의회

① 지방의원 선거
├ 주민등록 요구하는 지방선거권 제한 → 위헌(2004헌마644)
├ 지방공사직원의 의원겸직금지 → 합헌
│　└ 국회의원은 되는데 → 평등권 침해 X
├ 조합장해임 → 위헌
├ 정부투자기관의 직원 → 입후보 X → 위헌
└ 700만원 기탁금 → 위헌
└ 정당개입 : 기초지방의원 → 정당공천배제 → 위헌

② 지방자치단체장의 "선임"
　　　↓　　　└ 선거와 다르다.
　지방자치단체장에 대한 선거권도 헌법상 기본권 O

③ 지방자치단체장은 헌법 제7조 제2항의 정치적중립성이 요구되는 공무원이 아니다.
④ 공무원연금법에서 지방자치단체장을 제외하는 것(합헌)
⑤ 지방자치단체의 장의 계속 재임을 3기로 제한함에 있어 폐지나 통합되는 지방자치단체의 장으로 재임한 것까지 포함(합헌)
⑥ 지방자치단체장이 지방의회 사무직원을 임용하는 것(합헌)
⑦ 부단체장 권한대행 ┌ 단체장이 구금된 상태(합헌)
　　　　　　　　　　└ 단체장이 불구속된 상태(위헌)

CHAPTER 03 포괄적 기본권

01 인간의 존엄과 가치·행복추구권

▶ 제10조
모든 국민은 인간으로서의 존엄과 가치를 가지며, 행복을 추구할 권리를 가진다.
국가는 개인이 가지는 불가침의 기본적 인권을 확인하고 이를 보장할 의무를 진다.

1 인간의 존엄과 가치

1. 의의
   ① 기본적 + 중요한 기본권
   ② 근본원리(모든 기본권의)
   ③ 보장의무 → 개인을 위해서 국가가 존재
      (헌재) 모든 기본권의 종국적 목적이자 기본이념
      개인은 통치의 대상 X, 그 자체가 목적적 존재로서 섬김의 대상이 되어야 한다.

2. 연혁
   인간의 존엄과 가치 → 1962년 헌법에 도입(3공화국)
   행복추구권, 기본권 확인의무 → 제8차 개정시(1980년)(5공화국)

3. 법적성격
   ① 기본권의 근원 → 헌법원리인 동시에 기본권의 성격 O
   ② 포괄적 기본권(인격권)
      └ 법인도 예외적으로 인격권의 주체 O

                    (목적) 인간의 존엄과 가치
                              ↑
                            평등권
         ┌─────────┬─────────┼─────────┬─────────┐
        자유권   참정권   청구권   사회적기본권
      행복추구권
         └ 포괄적자유권, 보충적기본권

   ③ 일반적 인격권은 인간의 존엄과 가치의 주관적 권리이다.

4. 주체
   - 자연인 O, 외국인 O, 법인 O
   - 사자 : 원칙 X
     - 예외적으로 ─ 뇌사자 장기적출
              └ 사체해부(범죄피해자)
   - 방송사업자에게 사과방송을 명령 → 인격권 침해 O

5. 기본권으로서의 "인간의 존엄과 가치"의 보호영역
   (1) 존엄과 가치의 구별 : 견해의 대립은 있으나 같은 것이다.
   (2) 존엄의 정의(객체설)
       구체적 인간이 객체, 단순한 수단, 어떠한 단위로 전락될 경우에 인간의 존엄은 침해된다.
   (3) 인간존엄침해의 사례
       ① 인간존엄은 모든 인간의 법적인 평등을 보장한다.
          (예 노예제도, 농노제도, 인신매매, 민족의 인간집단 추방, 신분제)
       ② 인간의 주체성 → 특히 신체적 및 정신적 정체성과 완전성의 보장을 요구한다.
          (예 고문금지, 세뇌, 위안부)
       ③ 모든 사람의 인간다운 생존의 보장을 요구한다.

6. 판례
   (1) 적용범위
       ① 인격권에는 명예에 대한 권리포함 → 객관적·외부적 명예 O, 주관적 명예감정 X
       ② 자유로운 성의 사용 → 인격권 O
       ③ 초상권 → 제10조에 의해 보장
       ④ 태아성별에 접근 → 인격권 O
       ⑤ 배아결정권 → 인격권 O
       ⑥ 흡연권 → 인격권 O

   (2) 침해여부
       ① 인격권을 침해하는 판례
          a. 개명을 엄격하게 제한
          b. 사죄광고
          c. 언론사가 사과문 게제명령을 지체없이 이행하지 않을 경우 형사처벌
          d. 냄새가 유출되는 유치실 내 화장실 사용하도록 강제
          e. 상시적으로 양팔을 사용할 수 없도록 금속수갑과 가죽수갑을 착용하게 한 것
                  vs
             포승줄 연승 → 인격권 침해 X

f. 교정시설 1인당 수용면적 지나치게 협소
g. 경찰관에게 등을 보인 채 속옷을 내리고 3회에 걸쳐 앉았다 일어났다를 반복한 정밀신체수색
h. 혼인종료 후 300일 이내에 출생한 자를 전남편의 친생자라고 추정
i. 조사실에서 양손에 수갑찬 것 촬영 허용
j. 금치처분 수형자 ─ (절대적인 운동금지) → 위헌, 원칙적금지도 → 위헌
            └ 집필금지 ─ (원칙적 금지) → 위헌
                     └ (예외적 허용) → 합헌

② 인격권을 침해하지 않는 판례
   a. 수용자의 항문부위에 대한 신체검사
   b. 민사재판 사복착용 불허 → 합헌
      형사재판 사복착용 불허 → 위헌
   c. 미결수용자 구치소 내 사복착용 불허
   d. 취침시간에도 최소한의 조명유지
   e. 민사재판 출석 수형자 운동화착용 금지
   f. 중혼의 제척기간 또는 소멸시효를 규정하지 않은 것
   g. 교도소 수용시 국민건강보험급여 정지
   h. 초등학교 정규교과과정에 영어 배제
   i. 친일반민족행위반민규명위원회의 조사대상자 선정 및 친일반민족행위결정에 따른 사자(死者)에 대한 사회적 명예와 평가의 훼손
      → 후손의 인격권을 제한 O(침해 X)
   j. 지역아동센터의 시설별 신고정원의 80% 이상을 돌봄취약 아동으로 구성하도록 한 보건복지부 '2019년 지역아동센터 지원사업안내' 관련 부분

7. 사형제도
   사형제도를 인정했다 하여 헌법 제10조에 위배되어 위헌이라고 할 수 없다.

2 행복추구권

1. 연혁
   제8차 개정시(1980년)

2. 성격
   ① 포괄적 의미의 자유권
   ② 보충적 기본권
   ③ 소극적 기본권 : 급부를 국가에게 적극적으로 요구할 수 있는 것을 내용으로 하는 것이 아니라 국가권력의 간섭없이 자유롭게 할 수 있다(국가로부터의 도피).

3. 주체
   자연인 O, 외국인 O, 태아 O, 초기배아 X, 법인 X

4. 보호영역
   ① ┌ 일반적 행동자유권 ┬ 계약의 자유도 파생
   │   ├ 부작위도 포함(하지 않을 자유, 예 소변채취)
   │   ├ 가치있는 행동만 보호하는 것은 X
   │   └ 자기책임의 원리 O
   ├ 자기결정권
   └ 개성의 자유로운 발현

   ② 일반적행동의 자유권과 개성의 자유로운 발현
   ┌ 기부금품 모집행위 O
   ├ 기부행위 O
   ├ 부모가 자녀의 이름을 지을 자유 : 제36조 제1항 + 제10조에 의해 보호 O
   └ 무면허의료행위 O

   ③ 자기결정권
   ┌ 자기운명결정권 O, 성적자기결정권 O
   ├ 연명치료중단에 대한 자기결정권 ┬ 헌법상기본권 O
   │   └ 그러나, 법률제정의무 X
   ├ 개인정보자기결정권
   └ 소비자의 자기결정권

   자기결정권 관련 판례
   ① 자도소주 구입의무부과(위헌)   ② 간통죄(위헌)
   ③ 혼인빙자간음죄(위헌)   ④ 인수자 없는 시체해부용 제공(위헌)
   ⑤ 자기낙태죄(위헌)   ⑥ 동성동본혼인금지(위헌)
   ⑦ 성매매처벌법(합헌)   ⑧ 건강보험강제가입(합헌)

3 일반적 행동자유권

1. 보호영역
① 가치있는 행동만 보호하는 것 X
② 하객들에게 주류와 음식물을 제공하는 것 O
③ 대마를 자유롭게 수수하고 흡연할 자유 O

합헌판례

일반적 행동자유권 판례

① 좌석띠
② 성범죄자 사진제출
③ 이륜자동차 고속도로진입금지
④ 일제단속식 음주단속
⑤ 기부금품모집허가 ┬ 기속행위(합헌)
　　　　　　　　　└ 재량행위(위헌)
⑥ 수질부담금부과
⑦ 비어업인 수산자원포획금지
⑧ 공문서한글전용
⑨ 금치기간 중 자비구매물품의 사용제한
⑩ 청탁금지법
⑪ 게임물에 청소년회원가입시 법정대리인 동의
⑫ 2년을 초과하여 기간제근로자를 사용금지
⑬ 다른사람의 신체촬영 처벌
⑭ 이동통신 구매지원금 상한조정
⑮ LPG 연료사용 자동차 범위제한
⑯ 도로 외에서 음주운전 금지

위헌판례

① 서울광장출입통제 → 일반적 행동자유권 침해 O, 거주이전의 자유 침해 X
② 법위반사실공표 ┬ 일반적 행동자유권 침해 O
　　　　　　　　├ 명예권 침해 O
　　　　　　　　├ 무죄추정권 침해 O
　　　　　　　　└ 양심의자유침해 X
③ 자동차 등을 이용하여 살인 또는 강간시 필요적 취소
④ 4층이상 건물보험강제 → 계약의 자유 침해 O
⑤ 18세 미만 당구장출입금지
⑥ 세월호 이의제기 금지(법률유보위반)
⑦ 상속개시 있음을 안날로부터 3개월 내 한정승인 또는 포기를 하지 못한 경우 단순상속으로 간주
⑧ 전국기능경기대회 입상자의 국내기능경기대회 참가금지

02 평등권

1 성격

최고원리인 동시에 기본권 - 헌법소원 가능

2 일반적 평등규정과 개별적 평등규정

- 일반적 평등규정 - 헌법 제11조
- 개별적 평등규정 - 헌법 제31조 : 초등교육과 법률이 정하는 교육(고등교육 X)
  제32조 : 여자의 근로는 특별한 보호를 받는다.
  제36조 : 혼인과 가족생활

1. 일반적 평등규정

▶ 제11조
① 모든 국민은 법 앞에 평등하다. 누구든지 성별·종교 또는 사회적 신분에 의하여 정치적·경제적·사회적·문화적 생활의 모든 영역에 있어서 차별을 받지 아니한다.
② 사회적 특수계급의 제도는 인정되지 아니하며, 어떠한 형태로도 이를 창설할 수 없다.
③ 훈장등의 영전은 이를 받은 자에게만 효력이 있고, 어떠한 특권도 이에 따르지 아니한다.

(1) 요건

제①항

모든 국민은	법 앞에	평등하다.
↓	↓	↓
내국인O, 법인O	┌ 모든 법	객관적원리인 동시에 기본권
외국인 → 상호주의	├ 법 적용상 평등 + 법 내용상 평등 포함	
	└ 평등의 의미 ┬ 절대적 : 모든 것은 평등하다.	
	├ 상대적 : 합리적 차별을 인정(判)	
	├ 형식적 : 출발선을 같이 함	
	└ 실질적 : 결과의 평등	

(2) 차별금지사유(예시사유, 헌법재판소)

성별   종교   사회적신분
              ↓
              ┌ 선천적 신분
              └ 후천적 신분 : 장기간 점하고 있는 지위

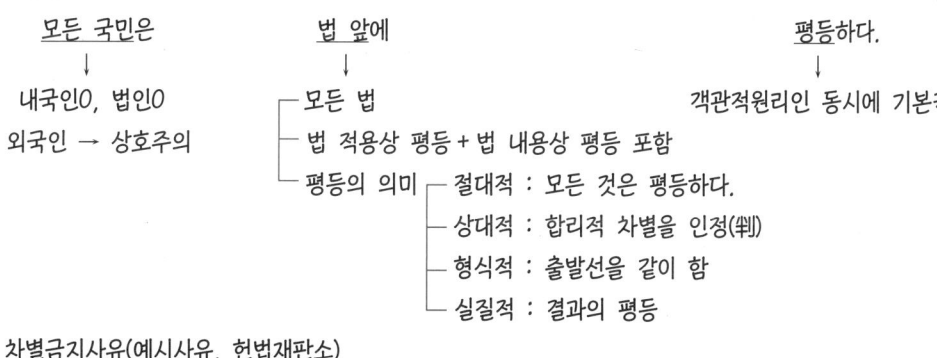

① 제대군인가산점제도 → 위헌   ② 부계혈통주의 → 위헌
③ 남자만 병역의무 → 합헌   ④ 사법시험 일요일 → 합헌
⑤ 전과자를 신분으로 보고 누범과   ⑥ 직계존속 형 가중처벌 → 합헌
   상습범 가중처벌 → 합헌   ⑦ 직계존속 고소 X → 합헌
⑧ 법관정년 차이 → 합헌   ⑨ 의무교육의 단계적실시 → 합헌

```
    정치적           경제적              사회적              문화적 생활
     ↓              ↓                  ↓                  ↳ 교육의 기회
  선거구인구불평등  ┌ 동일노동, 동일임금   ┌ 재조경력에 따른 변호사개업(위헌)
     ↓           └ 동일소득, 동일납세   ├ 잡종재산의 시효취득금지(위헌)
  국회의원 2:1, 33%                    └ 국가에 대한 가집행금지(위헌)
  지방의원 3:1, 50%
```

제②항 : 특수계급
　　　　　↳ 노예제도 X
제③항 : 영전일대

(3) 평등의 심사기준
　① 전제조건
　　　동일한 집단을 두 개의 집단으로 나누어 합리적 이유없이 차별했는지 판단한다.
　　　　↳ 동일한 집단인지는 법규정으로 따진다.
　② 심사기준
　┌ 자의성 심사(원칙) - 합리적 이유만 보고 판단
　│　　　　　　　　判) 대한민국 남자에 한하여 병역의무부과, 중혼의 취소청구권자에 직계
　│　　　　　　　　　　비속을 제외, 연합뉴스사를 국가기간 뉴스통신사로 지정
　└ 엄격한 심사(예외) - 특히 평등을 강조, 기본권의 중대한 침해가 있을 때
　　(비례원칙 적용) - 목적의 정당성, 수단의 적합성, 법익의 균형성, 침해의 최소성을 모두 판단
　　　　　　　　判) ① ┌ a. 부부자산 합산소득제도, 종합부동산세 세대별 합산
　　　　　　　　　　　 ├ b. 중등교사 임용시험 복수·부전공 가산점 규정
　　　　　　　　　　　 └ c. 국가유공자와 그 가족(엄격한 심사)
　　　　　　　　　　　　　↔ 국가유공자 본인은(완화된 기준)
　　　　　　　　② 자사고 중복지원금지(엄격심사)
　　　　　　　　③ 제대군인가산점 제도
　　　　　　　　④ 교육공무원 아닌 대학교원과 교육공무원인 대학교원
　　　　　　　　　　　　 (엄격심사)　　　　　　(합리성심사)
　　　　　　　　⑤ 중상해

(4) 적극적 평등조치(잠정적 우대조치)
    ① 의의
       역사적, 사회적으로 차별받아온 특정집단에 대해 일시적·잠정적으로 우대하여 결과적 평등을
       실현하는 정책   (개인 X)   (기회의 평등 X)
       (예 흑인은 70점만 맞아도 합격)
    ② 특징
       ┌ 집단의 일원
       ├ 결과의 평등
       └ 잠정적 조치(일시적)
    ③ 단점 - 개인의 불평등 초래(역차별)

(5) 평등권 침해여부

   위헌판례

   ① 광역자치단체장선거의 예비후보자를 후원회지정권자에서 제외
   ② 전문과목을 표시한 치과의원은 그 표시한 전문과목에 해당하는 환자만을 진료
   ③ 복수면허 의료인들에게 하나의 의료기관만을 개설할 수 있게 한 것
   ④ 국가유공자의 가족이 응시하는 경우 만점의 10%를 가산
   ⑤ 독립유공자의 손자녀 중 1명에게만 보상금을 지급하도록 하면서 독립유공자의 손자녀가 2명 이상인
      경우에 나이가 많은 손자녀를 우선시 한 것
   ⑥ 폭처법상 특수폭행을 범한 자는 징역형의 하한을 기준으로 최대 6배에 이르는 엄한 형을 규정
   ⑦ 재외국민 영유아를 보육료·양육수당 지원대상에서 제외
   ⑧ 우체국보험금 및 환급금 청구채권 전액에 대하여 무조건 압류를 금지
   ⑨ 형법상의 범죄와 똑같은 구성요건을 규정하면서 법정형만 상향 조정한 '특정범죄 가중처벌 등에 관한
      법률'
   ⑩ 집행유예를 선고받은 소년범에 대한 자격완화 특례규정을 두지 않은 것
   ⑪ 보훈보상대상자의 부모에 대한 유족보상금 지급 시 수급권자를 1인에 한정
   ⑫ 근로기준법이 보장한 주요사항을 외국인 산업연수생에 대하여만 적용되지 않도록 한 것
   ⑬ 통상의 출퇴근 재해는 업무상 재해로 인정하지 아니한 것
   ⑭ 국·공립사범대학 출신자 우선채용
                vs
      동일지역 사범대학 졸업자 가산점 부여(합헌)
   ⑮ 국가를 상대로 한 당사자소송에서 가집행선고를 제한하는 「행정소송법」 조항

   합헌판례

   ① 학원조례조항에 따른 지역상 학원시간차이(학원의 교습시간을 05:00부터 22:00 까지로 제한한 서울
      시 조례)
   ② 보수 기타 급여를 받는 경우 퇴직연금지급을 정지
   ③ 교도소에 수용된 자의 국민건강보험급여 정지
   ④ 국민건강보험법상 보험료의 국고지원에 있어서 지역가입자와 직장가입자의 차별취급
   ⑤ 독립유공자와 그 유족에게 서훈의 등급에 따라 부가연금을 차등지급

⑥ 시각장애인에 대하여만 안마사 자격인정을 받을 수 있도록 한 구 의료법 조항
⑦ 입양기관이 '기본생활지원을 위한 미혼모자가족복지시설'을 함께 운영할 수 없도록 한 한부모가족지원법
⑧ 전상유공자가 보훈급여금을 받는 경우에는 보훈급여금과 참전명예수당 중 어느 하나만을 선택하도록 한 것
⑨ 언론인 및 사립학교 관계자를 공직자등에 포함시키는 청탁금지법
⑩ 소년심판절차에 검사의 상소권 부인
⑪ 독신자의 친양자입양 부인
⑫ 선거비용반환대상자에 선거범죄를 저지른 낙선자를 제외
⑬ 선거방송토론위원회가 후보자의 대담·토론회를 개최하면서 초청할 후보자를 제한한 것
⑭ 대학교원의 정당가입 허용
⑮ 시각장애인을 위한 점자형 선거공보의 작성여부를 후보자의 임의사항으로 규정
⑯ 대통령령이 정하는 일정수 이상의 근로자를 고용하는 사업주는 기준고용률 이상에 해당하는 장애인을 고용해야 한다고 규정한 조항
⑰ 수석교사를 교장이나 장학관 등과 달리 취급
⑱ 강제동원위로금 지급 수혜범위에서 외국인인 유족을 배제
⑲ 반의사불벌죄여부에 따른 자복의 효과차이
⑳ 친고죄의 고소취소 기간제한
㉑ 택시운송사업에 한하여 택시운송비용전가 금지
㉒ 사인의 국가에 대한 금전채권 소멸시효 5년
㉓ 순국선열의 유가족보다 애국지사 본인이 보상금 액수가 더 높은 것
㉔ 한의사의 지도하에서는 의료기사인 물리치료사가 물리치료는 물론 한방물리치료를 할 수 없도록 한 것
㉕ 국민건강보험법의 재정통합조항
㉖ 학교폭력가해학생의 재심제한
㉗ 협의수용을 '양도'로 보고 양도소득세를 부과하는 것은 환지처분을 '양도'로 보지 않고 양도소득세를 부과하지 않는 것
㉘ 비상장주식을 증여받은 경우와 달리 상속받은 경우만 물납을 허용
㉙ 고의에 의한 손해배상채무는 면책되지 않도록 한 것
㉚ 가구별 인원수만을 기준으로 최저생계비를 결정한 2002년도 최저생계비고시
㉛ 학교급식시설비용을 경영자에게 부담하도록 한 것
㉜ 직장보육시설설치 의무부과
㉝ 선발예정인원 3명 이하인 채용시험에서 취업지원 대상자가 국가유공자법상 가점을 받지 못하게 하는 것
㉞ 변호사시험장소를 서울 소재 4개 대학교로 선정한 것
㉟ 고소인·고발인 만을 항고권자로 규정
㊱ 계속 근로기간 1년 미만인 근로자를 퇴직급여 대상에서 제외
㊲ 일반 응시자와 달리 공무원의 근무연수 및 계급에 따라 행정사 자격시험의 제1차시험을 면제하거나 제1차시험의 전 과목과 제2차시험의 일부 과목을 면제하는 것
㊳ 사회복무요원과는 달리 산업기능요원의 경력을 공무원 초임호봉에 반영하지 않는 것
㊴ 보상금의 지급을 신청할 수 있는 자의 범위를 '내부 공익신고자'로 한정함으로써 '외부 공익신고자'를 보상금 지급대상에서 배제하도록 정한 「공익신고자 보호법」 조항
㊵ 자율형 사립고등학교를 후기학교로 정하여 신입생을 일반고와 동시에 선발하도록 한 초·중등교육법

CHAPTER 04 자유권적 기본권

01 생명권

1 법적근거

헌법에 명문규정이 없으므로 헌법 제10조와 제12조의 견해대립 있다.

2 절대적 기본권인가?

상대적 기본권이다(제37조 제2항 참조).

3 주체

① 태아 : 주체 O(발달단계별로 다르게 취급 가능)
② 초기배아 : 주체 X, 국가의 보호의무 O
③ 배아생성자 : 배아의 관리·처분결정권 有
④ 살아서 출생해야 손해배상청구 가능(합헌)

4 안락사

연명치료를 중단할 권리 → 국회가 입법할 의무 X

02 신체의 자유

> ▶ 제12조
> ① 모든 국민은 신체의 자유를 가진다. 누구든지 법률에 의하지 아니하고는 체포·구속·압수·수색 또는 심문을 받지 아니하며, 법률과 적법한 절차에 의하지 아니하고는 처벌·보안처분 또는 강제노역을 받지 아니한다.

1 의의

신체를 훼손당하지 않고 신체활동을 자유로이 할 권리

2 내용

1. 강제처분
   ① 체포 : 단기간 잡아두는 것
   ② 구속 : 장기간 잡아두는 것
   ③ 압수 : 강제로 어떤 물건의 점유를 취득하는 것
   ④ 수색 : 실력으로써 신체를 검색하는 것
   ⑤ 심문 : 답변의 강요.
   ⑥ 법률 : 죄형법정주의 O, 대통령령 X
   ⑦ 적법절차 ─ a. 절차 + 내용의 정당성
              ├ b. 모든 절차에 적용(단, 탄핵절차에는 적용 X)
              │   ⇔ 입법에 적용되는 과잉금지원칙과 구별
              ├ c. 영장주의는 적법절차의 특칙
              ├ d. 미국헌법에서 유래
              └ e. 국회입법은 일반국민의 청문권인정 X
   ⑧ 처벌 ─ 일체의 제재를 의미(행정질서법, 집행벌 포함)
          └ <비교> 이중처벌금지에서의 처벌은 과벌만 의미
   ⑨ 보안처분 : 범죄예방처분(미래처분)
   ⑩ 강제노역 : 본인의 의사에 반하여 노역을 강요당하는 것
   ⑪ 헌법 제12조 제1항은 예시규정

   합헌판례

   신체의 자유
   ① 관광진흥개발기금 관리·운용업무에 종사토록 하기 위해 문화체육관광부 장관에 의해 채용된 민간전문가에 대해 형법상 뇌물죄의 적용에 있어서 공무원으로 의제하는 관광진흥개발기금법
   ② 강제퇴거명령 송환시까지 보호시설에 보호
   ③ 특정범죄에 대하여 형의 선고를 받아 확정된 사람으로부터 DNA 시료채취

   위헌판례

   신체의 자유
   ① 검사조사실에서 계구사용
   ② 금치처분대상자를 원칙적 실외운동금지
   ③ 외국에서 형의 집행을 받은 경우 임의적감면
   ④ 정신질환자의 강제입원(보호의무자 2人과 정신과전문의 1人의 동의 要)
   ⑤ 성도착증환자는 15년의 범위 내에서 치료명령선고
   ⑥ 혼합실수(∵ 법적근거 없음)
   ⑦ 사회보호위원회가 치료감호종료 결정

3 신체의 자유를 보장하는 방법

실체법적 보장	절차법적 보장
죄형법정주의(제13조) 일사부재리의 원칙, 연좌제금지원칙 등	적법절차, 고문금지, 진술거부권, 영장제도, 체포·구속시 이유와 권리를 고지받을 권리, 변호인의 조력을 받을 권리 구속적부심사제도, 자백의 증거능력·증명력 제한, 신속한 공개재판, 무죄추정원칙 등

1. 실체법적 보장
   (1) 죄형법정주의

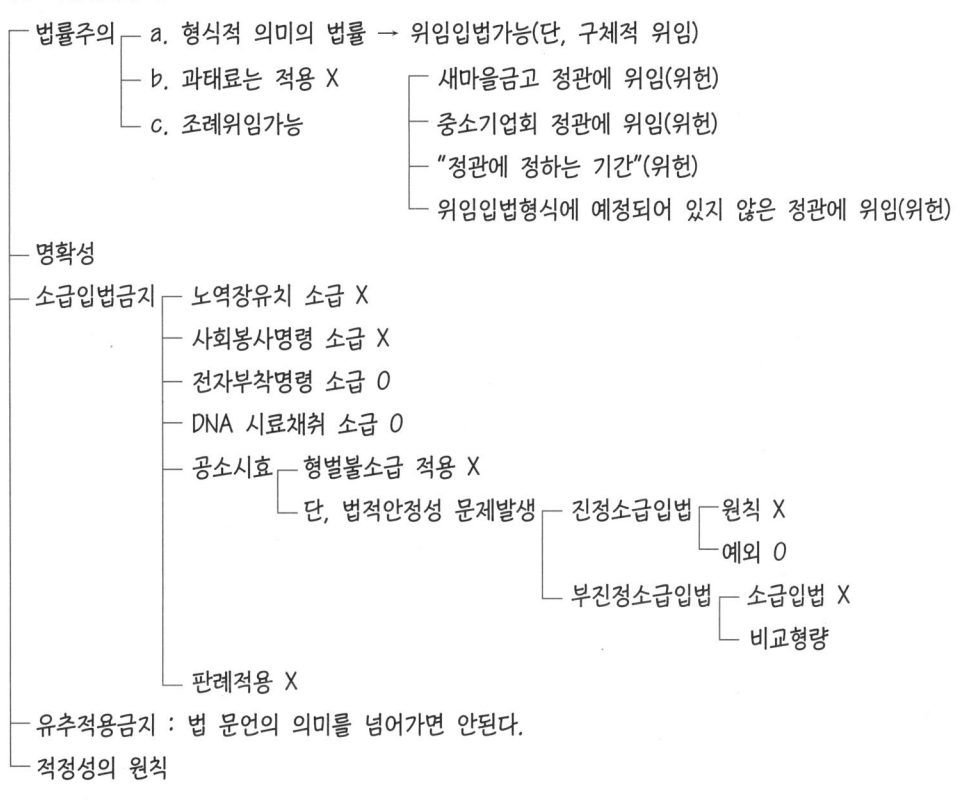

   (2) 이중처벌금지

   > ▶ 제13조
   > ① 모든 국민은 행위시의 법률에 의하여 범죄를 구성하지 아니하는 행위로 소추되지 아니하며, 동일한 범죄에 대하여 거듭 처벌받지 아니한다.

   ① 동일한 행위 = 이중처벌 안돼!
      └ ("기본적 사실관계"가 동일한지 여부)
   ② 이중처벌은 형벌만 의미한다(일체의 제재 X).
   ③ 이중처벌이 아닌 것

a. 누범이나 상습범에 대한 가중처벌
   b. 운전면허 취소처분
   c. 사회봉사명령 or 수강명령
   d. 보호감호와 형벌
   e. 퇴직금여 감액
   f. 동일인을 석유사업법에 의한 처벌하고 조세범처벌법에 의한 처벌법으로도 처벌하는 것
      (∵ 처벌대상이 달라)

   > **기출 OX**
   > 집행유예의 취소 시 부활되는 본형은 집행유예의 선고와 함께 선고되었던 것으로 판결이 확정된 동일한 사건에 대하여 다시 심판한 결과 부과되는 것이므로 일사부재리의 원칙이 적용된다. 20. 경찰경채   O X
   > 정답 X

 (3) 연좌제 금지

   > ▶ 제13조
   > ③ 모든 국민은 자기의 행위가 아닌 친족의 행위로 인하여 불이익한 처우를 받지 아니한다.

   ① 연좌제란 자기의 행위가 아닌 타인의 행위로 인해 책임을 지는 것이다.
   ② 판례
      a. 배우자의 중대선거범죄로 인한 후보자 당선무효 → 적법절차원칙 위배 X
      b. 선거사무장 등의 선거범죄로 인한 당선무효 → 연좌제 금지원칙 위배 X

2. 절차법적 보장
 (1) 적법절차의 원칙
   ① 과태료부과시에도 적용
   ② 과징금부과절차에도 적용

   적법절차에 위배되지 않은 판례
   ① 통고처분 불이행시 경찰서장이 곧바로 즉결심판 청구
   ② 등급분류 받지 않은 게임물 수사시 절차보장제공 안한 것(∵ 행정법상 즉시강제)
   ③ 범죄인인도심사를 서울고등법원의 단심제로 한 것
   ④ 연락운송 운임수입배분을 국토교통부장관이 결정
   ⑤ 형사재판계속 중 출금금지
   ⑥ 징계시효연장 예외규정 없는 것
   ⑦ 교도수용자 외부로 나갈 때 전자장치부착
   ⑧ 징벌혐의 조사를 위하여 처우를 제한한 교도소장의 행위에 대해 불복절차가 없는 것
   ⑨ 국회입법절차에서 청문권 인정 X

적법절차에 위반되는 판례
① 의무적 궐석재판하는 반국가행위자의 처벌에 관한 특별조치법
② 상소취하시까지 미결구금산입 X
③ 증인을 피고인 측 변호인과의 접근을 차단
④ 관세법위반 압수물품을 별도의 재판이나 처분없이 국고귀속
⑤ 수사기관이 법원의 허가없이 통신사업자에 이용자의 인적사항을 직접 요청하여 제공받을 수 있도록 한 전기통신사업법 제83조 제3항(통신자료제공)
⑥ 징계절차를 진행하지 아니함을 통보하지 않은 경우에는 징계시효가 연장되지 않는다는 예외규정을 두지 않은 구 「지방공무원법」 조항

(2) 영장주의

▶ 제12조

③ 체포·구속·압수 또는 수색을 할 때에는 적법한 절차에 따라 검사의 신청에 의하여 법관이 발부한 영장을 제시하여야 한다. 다만, 현행범인인 경우와 장기 3년 이상의 형에 해당하는 죄를 범하고 도피 또는 증거인멸의 염려가 있을 때에는 사후에 영장을 청구할 수 있다.

① 의의
체포·구속·압수수색의 강제처분을 함에 있어서는 사법권 독립에 의하여 신분이 보장되는 법관이 발부한 영장에 의하지 않으면 안된다.

② 내용
- 청구권자 : 검사
- 피고인 구속 : 검사의 청구 불요
- 영장주의 예외 : 현행범체포, 긴급체포 시 → 사후영장 청구

③ 판례
  a. 수사단계는 검사가 법관에게 영장을 청구, 공판단계는 법관이 직권으로 영장발부 가능
  b. 보석허가결정에 대한 검사의 즉시항고 → 과잉금지원칙 위반 O
  c. 법원의 구속집행정지결정에 대한 검사의 즉시항고 → 과잉금지원칙 위반 O
  d. 영장주의는 법원에 의한 사후통제까지 마련되어야 함을 의미하는 것이 아니다.
      → (패킷감청) ┌ 영장주의위반 X
                    └ 과잉금지원칙위반 O
  e. 구속영장의 효력을 계속 유지할 것인지 취소 또는 실효시킬 것인지의 여부는 법관의 판단에 따른다.

④ 강제처분과 강제수사에만 적용된다(행정절차 X)
  a. 미결수용자의 접견내용의 녹음·녹화 → 강제수사 X, 영장주의 위배 X
  b. 법무부장관의 출국금지결정 → 행정처분 → 영장주의 위배 X
  c. 증인의 동행명령제도 → 강제수사 O → 법관이 발부한 영장 필요 O

d. 행정상 즉시강제 → 영장주의 X
e. 행정조사 → 영장주의 X

⑤ 개별적 검토
   a. 동행명령거부 - 벌금 → 위헌(영장주의, 과잉금지원칙 위배, 신체의 자유 침해)
   b. 음주측정 ┐
   c. 소변채취 ┤ 임의수사 → 영장주의 적용 X
   d. 지문채취 ┘ 단, 직접강제에 의한 지문채취는 영장주의 적용 O
   e. 혈액채취 : 운전자 본인의 동의없는 혈액채취는 영장주의 적용 O, 위법한 처분 O
   f. 사실조회 : 임의수사 → 영장주의 적용 X
   g. 통신사실확인자료제공요청 → 강제처분 O, 영장주의 적용 O

(3) 진술거부권

> ▶ 제12조
> ② 모든 국민은 고문을 받지 아니하며, 형사상 자기에게 불리한 진술을 강요당하지 아니한다.

① 의의
   자기의 형사책임에 대해 불리한 진술을 거부할 수 있는 권리
   (형사소송법상 진술거부는 유·불리를 묻지 않는다.)

② 요건
자기의	형사책임에 대해서	진술을 거부할 수 있다.
타인 X	민사·행정책임 X	─ 언어, 서면 O ─ 음주측정 X ─ 유·불리 O ─ 인정신문거부 O

③ 거부권의 범위
   a. 행정절차, 국회에서 진술거부 가능 O
   b. 형사책임
   c. 행정상의 보고의무 X → 정치자금 보고 안하면 처벌 → 진술거부권 침해 X
   d. 복귀명령 → 진술거부권 침해 X
   e. 교통사고 운전자에게 신고의무 부담하는 도로교통법 조항
       → 형사책임과 관련된 사항에 적용되지 않으면 진술거부권 침해 X
   f. 진술거부권을 고지받지 않을 권리 → 헌법 제12조 제2항에서 바로 도출 X, 입법적 뒷받침 필요

④ 진술거부권행사의 효과
   자유심증주의 예외
   (원칙) 가중적 양형사유 X
   (예외) 진실발견을 적극적으로 숨기거나 법원을 오도하려는 시도 있다면 가중적 양형사유 O

⑤ 진술거부권 불고지의 효과

위법수집증거에 해당하며 증거로 사용할 수 없다.

(4) 변호인의 조력을 받을 권리

▶ 제12조

④ 누구든지 체포 또는 구속을 당한 때에는 즉시 변호인의 조력을 받을 권리를 가진다. 다만, 형사피고인이 스스로 변호인을 구할 수 없을 때에는 법률이 정하는 바에 의하여 국가가 변호인을 붙인다.

① 변호인이 조력할 권리도 헌법상 권리이다(判).

② 변호인의 접견교통권도 헌법상권리

　　피고인　　　→　변호인(헌법상 권리)

　변호인/비변호인 → 피고인(헌법상 권리)

> **기출 OX**
>
> 피의자 또는 피고인(이하 '피의자 등'이라고 함)에게는 체포 또는 구속 여부에 불구하고 헌법상 변호인의 조력을 받을 권리가 인정된다. 20. 법행　　　　　　　　　　　　　　O X
>
> 정답　O

③ 형사사건

민사사건, 행정사건, 가사사건, 헌법소원사건 X

④ 행정절차에서 구속에도 적용된다(행정절차까지 확대).

(인천공항송환대기실에 수용된 난민도 변호인 조력을 받을 권리 있다.)

⑤ 변호인의 조력을 받을 권리는 헌법상 바로 도출되는 권리이다.

⑥ 기타 판례

　a. 변호인 접견실에 CCTV 설치하여 미결수용자와 변호인 간의 접견을 관찰

　　→ 변호인조력을 받을 권리 침해 X

　b. 호송교도관에게 변호인접견신청 허용 X(옆방 사건)

　　→ 변호인조력을 받을 권리 침해 X

> **기출 OX**
>
> 구속적부심사건 피의자의 변호인에게 고소장과 피의자신문조서에 대한 열람 및 등사를 거부한 경찰서장의 정보비공개결정은 변호인의 알권리를 침해하여 헌법에 위반된다.
> 17. 국가직 5급 승진　　　　　　　　　　　　　　　　　　　　　　　　　　O X
>
> 정답　O

⑦ 변호인이 되려는 자의 접견교통권 → 헌법상 기본권 O
⑧ 변호인과의 접견교통권
    a. 임의동행한 피내사자 O
    b. 변호인과의 자유로운 접견은 국가안전보장, 질서유지, 공공복리 등 어떠한 명분으로도 제한될 수 없다.

> **｜비교**
> 변호인과의 접견이 실제로 이루어지는 경우에 있어서는 제한될 수 있다.
> (㈜ 공휴일·일요일 접견제한 – 변호인의 조력을 받을 권리 침해 X)

    c. 변호인과의 접견교통권도 제37조 제2항에 의한 제한이 가능하다.
⑨ 수사기록열람등사
    구속적부심단계에서 피의자신문조서·고소장은 열람등사 O
⑩ 피의자신문시 변호인에게 후방착석요구행위 → 침해 O
⑪ 국선변호인 선임사유

3심	체	재가	영원	필요	국민	공판
↓	↓	↓	↓	↓	↓	↓
형사소송법 제33조	체포구속 적부심	재심	영장실질심사	필요적 변호사건	국민참여 재판	공판준비기일

↓
    a. 미 : 미성년자
    b. 7 : 70세 이상
    c. 농 : 농아자
    d. 곤 : 빈곤(청구 O)
    e. 장 : 심신장애
    f. 3 : 3년
    g. 구 : 구속된 때

(5) 체포·구속적부심사

> ▶ 제12조
> ⑥ 누구든지 체포 또는 구속을 당한 때에는 적부의 심사를 법원에 청구할 권리를 가진다.

① 7차 개정헌법(유신헌법) 때 사라지고 8차개정헌법 때 부활
② 구속된 피의자가 적부심사청구권을 행사한 다음 검사가 전격기소를 한 경우, 법원은 적부심사를 통하여 석방 또는 기각결정을 할 수 있다.

(6) 무죄추정원칙

▶ 제27조
④ 형사피고인은 유죄의 판결이 확정될 때까지는 무죄로 추정된다.

① 의의
  피의자 or 피고인은 유죄의 <u>확정</u>판결이 있을 때까지 무죄로 추정한다.
                        선고 X

② 적용범위
  a. 인적범위 - 피의자, 피고인
      ┌ 유죄판결 확정 시까지
  b. 시적범위 : 1심, 2심 유죄판결 - 무죄로 추정

③ 내용
  ┌ 불이익처우 금지 ┌ 예단배제 원칙
  │   ├ 피고인, 피의자 진술거부권
  │   └ 부당한 대우 금지 - 고문이나 모욕적인 신문 금지
  ├ 의심스러울 때는 피고인의 이익으로 : 검사의 거증 책임
  └ 인신구속의 제한 - 불구속 수사·재판이 원칙

④ 판례
  a. 상소제기 후 상소취하시까지의 구금일수를 형기산입에서 제외하는 것
      → 위헌(신체의자유 침해)
  b. 형사사건으로 기소 ┌ 필요적 직위해제 → 위헌
                      └ 임의적 직위해제 → 위헌 X
  c. 부단체장의 권한대행 ┌ 구속된 경우는 합헌
                       └ 불구속 → 위헌
  d. 공정거래위원회가 금지위반 행위을 위반한 사업체에게 법위반 사실을 공표
      → 위헌(무죄추정원칙침해 O, 양심의 자유 침해 X)
  e. 교도소 수용시 국민건강보험급여정지 → 위헌 X
  f. 변호인 이닌 지와의 접견교통권 → 일반적 행동자유권 또는 무죄추정원칙에서 도출되는 기본권
  g. 법무부장관이 형사사건으로 공소가 제기된 변호사에 대하여 판결이 확정될 때까지 업무정지
      → 위헌 O
  h. 소년보호사건에서 제1심 결정에 의한 소년원수용기간을 항고심결정의 보호기간에 산입하지
     아니하도록 한 것 → 위헌 X

(7) 통지제도

> ▶ 제12조
> ⑤ 누구든지 체포 또는 구속의 이유와 변호인의 조력을 받을 권리가 있음을 고지받지 아니하고는 체포 또는 구속을 당하지 아니한다. 체포 또는 구속을 당한자의 가족 등 법률이 정하는 자에게는 그 이유와 일시·장소가 지체없이 통지되어야 한다.

(8) 자백배제법칙, 자백의 보강법칙

> ▶ 제12조
> ⑦ 피고인의 자백이 고문·폭행·협박·구속의 부당한 장기화 또는 기망 기타의 방법에 의하여 자의로 진술된 것이 아니라고 인정될 때 또는 정식재판에 있어서 피고인의 자백이 그에게 불리한 유일한 증거일 때에는 이를 유죄의 증거로 삼거나 이를 이유로 처벌할 수 없다.

03 │ 사생활 영역의 자유

제1항 주거의 자유

> ▶ 제16조
> 모든 국민은 주거의 자유를 침해받지 아니한다. 주거에 대한 압수나 수색을 할 때에는 검사의 신청에 의하여 법관이 발부한 영장을 제시하여야 한다.

1 의의

공간적인 사생활을 침해받지 않을 권리
― 주거의 자유(공간적인 사생활)
  ↕
― 거주·이전의 자유(거주지, 체류지) ― 생활과 밀접한 관련 O
  ↕   └ 생활과 관련 X → 일반적행동자유권 O(서울역 광장사건)
― 사생활의 자유(비밀보장과 관련있는 사생활)
          ↕
      비밀보장과 관련없는 자유 → 일반적 행동의 자유

2 주체

모든 국민, 외국인

3 내용

1. 주거의 불가침

   출입국관리법에 의한 보호에 있어서 용의자에 대한 긴급보호를 위해 주거에 들어간 경우(긴급보호가 적법인 이상)

   → 주거의 자유침해 X

2. 영장주의

   ① 1962년 제5차 개정헌법에서 처음으로 명시

   ② 일반영장 금지

   ③ 주거에 대한 압수·수색을 할 때에는 검사의 신청에 의하여 법관이 발부한 영장을 제시하여야 한다. (제16조 후문은 예외를 명문화 X)

   判) 헌법 제16조의 영장주의에 대한 예외를 인정하되,
   - 그 장소에 범죄혐의 등을 입증할 자료나 피의자가 존재할 개연성 소명
   - 사전에 영장을 발부받기 어려운 긴급한 사정이 있는 경우에만 제한적으로 허용 함

   ─ 기출 OX ─

   체포영장을 발부받아 피의자를 체포하는 경우에 필요한 때에는 영장 없이 타인의 주거등 내에서 피의자 수사를 할수 있도록 한 「형사소송법」 조항은 별도로 영장을 발부받기 어려운 긴급한 사정이 있는지 여부를 구별하지 않고 피의자가 소재할 개연성만 소명되면 영장 없이 타인의 주거 등을 수색할 수 있도록 허용하고 있어 헌법 제16조의 영장주의에 위반된다. 20. 변호사 ⃞O ⃞X

   정답 O

제2항 사생활의 비밀과 자유

> ▶ 제17조
> 모든 국민은 사생활의 비밀과 자유를 침해받지 아니한다.

1 의의

① 사생활

일반인에게 알려져 있지 않고, 일반인의 감수성을 기준으로 할 때 공개를 원하지 않는 사항

② 비밀

국가가 사생활을 들여다보는 것에 대한 보호

③ 자유

사생활을 자유롭게 형성해 나가는 것

④ privacy 권으로 확대 → 자기정보통제권
   └→ 정보주체가 스스로 결정할 수 있는 권리

2 주체

자연인, 특히 개인정보보호법에는 "살아있는 개인 정보"만 보호대상

3 내용

① 흡연을 할 권리도 사생활의 영역에 포함된다.
② 좌석안전띠를 착용할 의무는 사생활의 영역 X
③ 선거운동과정에서 대외적해명하는 행위는 사생활의 영역 X
④ 4급 이상 공무원들까지 모든 질병명을 예외없이 공개 → 위헌
　　　　　　　vs
　금융감독원 4급 이상 직원에 대한 재산등록제도 및 취업제한제도 → 합헌
⑤ 공직자의 자질·도덕성·청렴성에 관한 사실은 순수한 사생활의 영역 X
⑥ 보안관찰처분대상자 ┬ 거주지 변경신고(위헌)
　　(간첩활동 한 자) └ 7일 이내 신고의무(합헌)
⑦ 음란물건 판매한 자, 판매목적으로 소지한 자 처벌 → 합헌
⑧ 엄중격리대상자의 수용거실에 CCTV 설치 → 합헌
⑨ 어린이집 CCTV 설치 → 합헌
⑩ 교도소장이 수용자가 없는 상태에서 실시한 거실 및 작업장 검사행위 → 합헌
⑪ 공직선거 후보자로 등록하는 자가 제출하여야 하는 '금고이상의 형의 범죄경력'에 실효된 형까지 포함시키는 것 → 합헌
⑫ 교정시설의 장이 교도관으로 하여금 수용자의 접견내용을 청취·기록·녹음 또는 녹화하게 한 것 → 합헌
⑬ 독거실 내 CCTV 설치하여 수형자를 상시관찰 → 합헌

4 개인정보자기결정권

1. 헌법에 명문규정 X, but, 헌법상 권리로 인정 O(헌법 제10조, 17조, 국민주권원리에 근거)
2. 공적 생활에서 형성되었거나 이미 공개된 개인정보도 포함
3. 자신에 관한 정보가 언제 누구에게 어느범위까지 알려지고 이용되도록 할 것인지를 정보주체가 스스로 결정할 수 있는 권리
4. 개인정보를 대상으로 한 조사·수집·보관·처리·이용 등의 행위는 모두 개인정보자기결정권에 대한 제한에 해당
5. 인터넷언론사의 공개된 게시판에 스스로의 의사에 의해 정당후보자에 대한 지지·반대 글 게시
　→ 양심의 자유나 사생활 비밀의 자유에 의하여 보호되는 영역 X

위헌판례

① ┌ 인터넷게시판 본인확인제
　└ 선거운동기간 중 인터넷실명을 의무화 하고 위반시 과태료 부과
　　　→ 익명표현의 자유, 개인정보자기결정권 침해
② 통신매체이용음란죄로 유죄판결이 확정된 자를 일률적으로 신상정보대상자가 되도록 한 것
　　비교) 성폭력범죄의 처벌 등에 관한 특례법
　　　　　성적목적공공장소침입죄 ┐ 신상정보대상자가 되도록 한 것
　　　　　강제추행죄　　　　　　 ┘ 합헌(but, 일률적으로 20년은 위헌)
③ 주민등록변경을 일체 허용하지 않는 것
④ 형제자매가 본인에 대한 친족·상속 등과 관련된 증명서를 편리하게 발급받을 수 있도록 한 것
⑤ 국민건강보험공단이 경찰서장에게 요양급여내역을 제공한 행위
⑥ 교원노조 가입현황에 관한 실명자료를 인터넷을 통해 공개

합헌판례

① 시장·군수 또는 구청장이 개인의 지문정보를 수집하고 경찰청장이 이를 보관·전산화하여 범죄수사목적에 이용하는 것
② 주민등록표를 열람하거나 그 등·초본을 교부받는 경우 소정의 수수료를 부과하는 것
③ 구치소장이 미결수용자와 그 배우자 사이의 접견내용을 녹음한 행위(제한 O, 침해 X)
④ 성폭력범죄를 2회 이상 범하여 그 습벽이 인정된 때에 해당하고 성폭력범죄를 다시 범할 위험성이 인정되는 자에 대해 전자장치 부착을 명할 수 있도록 한 것
⑤ 아동·청소년 대상 성범죄자에게 1년마다 정기적으로 새로 촬영한 사진을 제출하도록 하고 정당한 사유 없이 사진제출의무를 위반한 경우 형사처벌을 하도록 한 것
⑥ 학교생활세부사항기록부의 '행동특성 및 종합의견'에 학교폭력예방법 제17조에 규정된 가해학생에 대한 조치사항을 입력하고, 이러한 내용을 학생의 졸업과 동시에 삭제하도록 규정한 것
⑦ 보호자가 자녀 또는 보호아동의 안전을 확인할 목적으로 폐쇄회로 텔레비전(CCTV) 열람을 요청하는 경우 열람을 허용하는 것
⑧ 개별의료급여기관으로 하여금 수급권자의 진료정보를 국민건강보험공단에 알려줄 의무를 규정
⑨ 가축전염병의 발생 예방 및 확산 방지를 위해 축산관계시설 출입차량에 차량무선인식장치를 설치하여 이동경로를 파악하게 한 것
⑩ 주민등록발급을 위한 열손가락 지문날인제도
⑪ 디엔에이감식시료 채취 대상자인 수형인이 사망할 때까지 디엔에이신원확인정보를 데이터베이스에 수록·관리할 수 있도록 하는 것
⑫ 아동·청소년 대상 성폭력범죄자에 대한 신상정보를 공개·고지하도록 규정
⑬ 이미 정보주체의 의사에 따라 공개된 개인정보를 그의 별도의 동의 없이 영리 목적으로 수집·제공한 경우, 단지 정보처리자에게 영리 목적이 있었다는 사정만으로 곧바로 정보처리 행위를 위법하다고 할 수는 없다.
⑭ 통계청장이 인구주택총조사의 방문 면접조사를 실시하면서, 담당 조사원을 통해 청구인에게 인구주택총조사 조사표의 조사항목들에 응답할 것을 요구한 행위
⑮ 청소년 유해매체물 제공하는 자에게 이용자의 본인확인의무부과
⑯ 법과대학 법학과 교수로 재직 중인 자의 개인정보를 법학과 홈페이지를 통해 수집하여 '법조인' 항목에서 유료로 제공한 행위
⑰ 수사경력자료의 보존 및 보존기간을 정하면서 범죄경력자료의 삭제규정 안한 것
⑱ '혐의 없음'의 불기소 처분 등에 관한 수사경력자료의 수집 및 5년간 보존
⑲ 법원의 제출명령이 있는 경우 금융거래정보를 공개하도록 한 것

5 개인정보보호법

① 살아있는 개인정보로 한정

② 개인정보보호법상 민감정보는 업무를 목적으로 개인정보파일을 운용하기 위하여 스스로 또는 다른 사람을 통하여 개인정보를 처리하는 공공기관·법인·단체 및 개인을 말한다.

> **기출 OX**
>
> 개인정보처리자는 사상 신념, 노동조합 정당의 가입 탈퇴, 정치적 견해, 건강, 성생활 등에 관한 정보 등을 처리하여서는 아니 된다. 19. 국회직 9급 O ⅹ
>
> 정답 O

제3항 통신의 자유

> ▶ 제18조
> 모든 국민은 통신의 비밀을 침해받지 아니한다.

1 의의

① 의사나 정보를 통신수단을 이용하는 전달하는 경우 그 비밀과 자유를 보호하는 원칙

② 통신의 불가침 - 열람금지, 누설금지, 정보금지를 의미함

③ 통신의 속성 - 당사자의 특정성, 당사자 간의 동의, 비공개

2 내용

① 이동통신서비스 가입시 본인인증 확인 ─ 익명에 의한 통신의 자유도 보장
　　　　　　　　　　　　　　　　　　├ 비밀에 대한 제한 X
　　　　　　　　　　　　　　　　　　└ 자유에 대한 제한 O, but 침해 X

② 국가기관이 인가없이 감청설비를 보유·사용할 수 있다는 사실 → 통신의 자유침해 X

3 통신비밀보호법

① 패킷감청 → 사후통제수단 미흡으로 위헌
　　　　　　↓ 법개정
　　　　　　승인청구

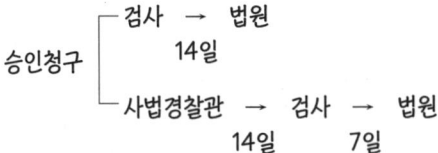

② 통비법 → 기지국수사 → 필요성만 있으면 → 법원의 허가 O
　　　　　　　　　　　　　　　　　　　　　↓
　　　　　　　　　　　　　　　┌ 침해의 최소성위반 O
　　　　　　　　　　　　　　　└ 영장주의 위반 X
　　　　　　　　　　　　　　　　　↓ 법개정
　　　　　　　　　　　　　　　　보충성 추가

04 | 정신적 영역의 자유

제1항 양심의 자유

▶ 제19조
모든 국민은 양심의 자유를 가진다.

모든 국민은 양심의 자유를 가진다.
　└ 자연인 O, 법인 X

1 양심의 의미
┌ 윤리적 양심설
└ 사회적·윤리적 양심설(사상 + 윤리) - 사상 : 어떠한 사물에 대하여 가지고 있는 구체적인 사고나 생각
　　　　　　　　　　　　　　　　　　　윤리 : 옳고 그름에 대한 윤리적 판단

2 주관적 양심, 소수의 양심

쟁점은 양심의 "진리"가 아니라 "개인"의 양심이 되어야 한다,
즉, 진리인지가 문제가 아니라 확신이 깊고 확고하며 진실한지에 따라 달라진다.

3 양심의 내용

(判) ① 양심형성의 자유 - 절대적 기본권
　　 ② 양심실현의 자유 - 상대적 기본권
　　　　　　　　　┌ 표명의 자유
　　　　　　　　　├ 부작위에 의한 양심실현(예 병역거부)
　　　　　　　　　└ 작위에 의한 양심실현(예 정치사찰폭로를 위한 양심선언)

4 양심의 정도

자신의 인격적 가치가 허물어질 정도의 진지성 ∴ 단순한 사실관계 X
개인의 인격형성과 관련 없는 사사로운 사유나 의견은 X

5 제한가능성

- 내심의 자유는 제한불가(절대적 기본권)
- 나머지는 제37조 제2항으로 제한 가능

6 양심의 자유침해 판례

1. 침해인 것
   ① 사죄광고 → 법인대표의 양심의 인격권 침해 O, 양심의 자유 침해 O
      vs
      사과방송 → 방송사업자의 인격권 침해 O, 양심의 자유침해 X
   ② 시말서제출

2. 침해가 아닌 것
   ① 의사의 환자진료비 내역 제출의무 → 양심의 자유 제한O, 침해 X
   ② 법위반사실공표(∵ 법해석), 무죄추정위반 O, 일반적 행동자유권 위반 O
   ③ 준법서약서제출(∵ 국민의 일반의무확인)
   ④ 음주측정거절여부
   ⑤ 주민등록법상 지문날인
   ⑥ 전투경찰 시위진압
   ⑦ 보안관찰처분
   ⑧ 국가보안법 불고지죄
   ⑨ 채무자가 재산목록 제출하고 진실함을 법관앞에서 선서

7 양심적 병역거부

① 주관적 양심
  - 양심이기 때문에 무조건 그 자체로 정당하다거나 도덕적이라는 의미는 아니다.
  - 깊고, 확고, 진실한지가 문제
② 병역거부 주장자가 증명할 의무를 진다.
③ 양심의 자유를 기준으로 판단
④ 부작위에 의한 양심실현의 자유이다.
⑤ 심사기준 : 비례의 원칙 적용
⑥ 대체복무를 규정하지 않은 병역종류조항 ─ 목적의 정당성 O
                                    ├ 수단의 적합성 O
                                    └ 피해의 최소성 X(과잉금지원칙위반)

⑦ 처벌조항은 합헌

> **기출 OX**
>
> 입영기피자에 대한 형사처벌은 '양심에 따른 행동을 할 자유', 즉 '작위에 의한 양심실현의 자유'를 제한하는 것이다. 20. 소방간부   [O X]
>
> 정답 X

제2항 종교의 자유

▶ 제20조
① 모든 국민은 종교의 자유를 가진다.
② 국교는 인정되지 아니하며, 종교와 정치는 분리된다.

1 주체
- 자연인 + 외국인 O
- 법인 : 신앙의 자유 X, 선교의 자유 O

2 내용
<내심의 영역> 신앙의 자유 → 무신앙의 자유도 포함, 절대적 기본권
<외부적 표현> 신앙실행의 자유
- 종교적 행사의 자유
- 종교적 결사의 자유
- 선교의 자유, 종교교육의 자유
  └ 그가 선택한 임의의 장소에서 포교의 자유는 X

※ 신앙고백의 자유는 <u>어디에 포섭할지</u> 견해대립 있음
  신앙의 자유 or 행위의 자유

3 제한여부
· 내면 : 절대적 자유
  외부적 표현은 제한가능

4 판례
① 종교단체가 양로시설을 설치하고자 하는 경우 신고하도록 의무부담 시키는 것
  → 종교의 자유 제한 O, 인간다운 생활을 할 권리 제한 X, 거주·이전의 자유 제한 X
② 종교단체가 운영하는 학교도 인가받아야 → 종교의 자유 침해 X

③ 학교정화구역 내 납골당 시설 금지
- 종교의 자유
- 행복추구권   제한 O, 침해 X
- 직업의 자유

④ 미결수용자의 종교행사 참여 일률적 금지 → 종교의 자유 침해 O

⑤ 사립대학은 일정한 내용의 종교교육을 졸업요건으로 학칙제정가능

5 국교분리와 정교분리원칙

① 이미 문화적 가치로 성숙한 종교적인 의식, 행사, 유형물에 대한 국가 등의 지원
  → 정교분리원칙에 위배 X

② 국가가 오로지 종교만을 이유로 일반적이고 중립적인 법률에 따른 의무를 면제하거나 부과하는 입법을 하는 경우
  → 정교분리원칙에 위배 O

제3항 언론·출판의 자유

> ▶ **제21조**
> ① 모든 국민은 언론·출판의 자유와 집회·결사의 자유를 가진다.
> ② 언론·출판에 대한 허가나 검열과 집회·결사에 대한 허가는 인정되지 아니한다.
> ③ 통신·방송의 시설기준과 신문의 기능을 보장하기 위하여 필요한 사항은 법률로 정한다.
> ④ 언론·출판은 타인의 명예나 권리 또는 공중도덕이나 사회윤리를 침해하여서는 아니된다. 언론·출판이 타인의 명예나 권리를 침해한 때에는 피해자는 이에 대한 피해의 배상을 청구할 수 있다.

1 개념

① 자신의 의사를 표현·전파하고(고전적) ② 의사형성에 필요한 정보를 수집·접수하고 객관적 사실을 보도·전파할 수 있는 자유(∵ 인격발현의 수단, 진리발견의 수단, 민주국가의 존립과 발전에 필수불가결한 권리)

③ - 표현의 자유
   - 알권리
   - Access 권
   - 언론기관의 자유

2 고전적 의미의 언론·출판의 자유

- 사상 또는 의견을
- 언어 or 문자 등으로
- 불특정 다수인에게
- 표명 or 전달하는 자유

① 의사표현이 매개체이면 → 형태의 제한이 없다.
　　　　　　　　정치자금기부 O, 인터넷게시판 O, 대화방 O
② 상징적 표현 O
③ 익명 O, 허위사실표현 O, 집필 O
④ 저속·음란표현도 포함 → but 저속은 명확성위반
⑤ 군형법상 상관모욕죄 → 침해 X
⑥ 사생활침해를 이유로 침해받은 자가 삭제요청을 한 경우 임시적으로 차단조치 → 침해 X
⑦ 금치처분 받은 자의 원칙적 집필금지, 예외적 허가 → 침해 X
⑧ 투표용지에 후보자들에 대한 '전부거부' 표시방법을 마련하지 않은 것 → 침해 X
⑨ 국가모독죄를 형사처벌하는 것 → 침해 O
⑩ 새마을금고 임원선거에 법률이 정하고 있는 방법 외의 방법으로 선거운동금지 → 침해 X

3 상업광고

① 광고 ┬ 공익광고 - 표현의 자유에 포함
　　　　　　　　　엄격하게 심사
　　　　└ 상업광고 - 표현의 자유에 포함
　　　　　　　　　완화된 기준으로 심사
② 의료인의 기능과 진료방법에 관한 광고금지 → 표현의 자유침해 O
　　　　vs
　비의료인의 의료에 관한 광고금지 → 표현의 자유침해 X
③ 표현내용 - 엄격하게 심사
　표현방법규제 - 폭넓은 제한 가능
④ 교통수단을 이용하여 타인의 광고금지 → 침해 X
⑤ 광고물수량제한 → 침해 X

4 인터넷

① 인터넷언론사에 대하여 선거일 전 90일부터 선거일까지 후보자명의의 컬럼이나 저술을 게재하는 보도를 막은 것 → 표현의 자유침해 O
② ┬ 인터넷게시판 본인확인제(포괄적 인터넷실명제)
　└ 선거운동기간 중 인터넷실명을 의무화 하고 위반시 과태료 부과(제한적 인터넷실명제)
　→ (둘 다 위헌) 익명표현의 자유, 개인정보자기결정권 침해 O
　　(비교) 휴대폰계약시 본인확인, 청소년유해매체물 제공시 본인확인 → 합헌

5 알 권리

1. 의의
   (1) 알 권리(받아들이는 사람의 자유) → 정보인식 → 국가에 대한 청구
   ① ┌ 표현의 자유는 → 표현하는 것
      └ 알 권리는 → 표현을 받아들이는 자유 → 견해의 대립은 있으나 표현의 자유로 이해
   ② 정보수용자의 자유는 읽을 권리와 알 권리
                            └, 결국은 알 권리의 수단 → 알 권리로 표현된다.
   ③ 정보의 자유 → 정보를 수집하고 처리할 수 있는 권리
                    ↓   ↓
                  취사·선택하여 활용할 수 있는 권리
   ④ ┌ 개인 → 정보공개요구
      └ 언론기관 → 정보공개요구 + 취재의 자유

2. 근거규정
   개별적 + 일반적 → 헌법 제21조(표현의 자유)에 의하여 직접 보장될 수 있다.

3. 법적성격
   자유권 + 청구권 + 생활권

4. 내용
   ┌ 개별적정보공개청구권 → 권리주체에 관한 정보가 대상
   └ 일반적정보공개청구권 → 정부의 정보   +   개인의 지적관심의 대상 ┐   예) 전염병정보
                              선거권, 국민주권   or   불량식품에 대한 정보
                                              공익적 차원에서 접근 ┘
                                                 └→ 인격권, 인간의 존엄과 가치

5. 제한
   ① 알권리도 법률로 제한가능
   ② 국회의 의사 → 공개해야 한다(이해관계 유무와 관련없이).
   ③ 이해관계인 것은 특단의 사정이 없는 한 공개
   ④ 그러나, 공개청구 전에 공개할 것을 요구하는 것은 알 권리 X
      (마늘교역합의서 내용을 미리 알려주지 않은 사건)

6. 판례

합헌판례

① 구금목적에 부적당하다고 인정되는 기사삭제
② 국회예산특별위원회 계수조정위원회의 방청불허
③ 한의사시험문제·정답 비공개
④ 금치기간 중 텔레비전 시청제한
⑤ 한국방송공사의 미방영프로그램 공개대상 X
⑥ 청소년유해매체물임을 나타내는 전자적 표시 의무화

위헌판례

① 저속한 간행물출판금지
② 변호사시험성적 합격자에게 공개 X(∵수단의 적정성 X)
③ 고소장, 피의자신문조서의 열람 및 등사거부
④ 정치자금수입내역의 열람기간을 공고일로부터 3개월간으로 제한

6 Access 권

① 의의
　일반국민이 자신의 사상이나 의견을 발표하기 위하여 언론매체에 자유로이 접근하고 이용할 수 있는 권한

② 반론권과의 구별
　개념은 확실히 구별되나 겹치는 면이 있어서 둘 사이에 <u>견해가 대립</u>한다.
　　　　　　　　　　　　　　　┌ 같은 개념이다.
　　　　　　　　　　　　　　　│　　vs
　　　　　　　　　　　　　　　└ 반론권은 접근권의 하위개념이다.

┌ 정정보도청구권 ┌ 허위사실
│　　　　　　　 ├ 고의·과실·위법성을 불요(합헌)
│　　　　　　　 └ 가처분으로 하는 것은(위헌)
├ 반론도보청구권 - 사실주장
└ 추후보도청구권 - 범죄사실에 관해 공표된 것

7 언론기관의 자유(방송의 자유)

(1) 근거 : 제21조 제1항에 의해 보장

(2) 성격 : 주관적 권리 + 객관적 규범질서

(3) 판례
　① 이종미디어 → 고도의 정책적 접근
　┌ 일간신문사 + 뉴스방송 겸영금지 → 합헌
　└ 일간신문사 지배주주 뉴스통신사 지분취득 제한 ┌ a. 다른 신문사 : 헌법불합치
　　　　　　　　　　　　　　　　　　　　　　　　　└ b. 다른 통신사 : 합헌

② 방송통신위원회가 서비스제공자에게 정보의 취급거부를 명하는 것 → 합헌
③ 신문기업의 소유와 경영에 관한 자료를 공개토록 하는 것 → 합헌
④ 중계유선방송사업자는 방송의 중계송신업무만 할 수 있고 보도, 논평, 광고는 금지 → 합헌
⑤ 인터넷신문사 취재 인력 3명 이상을 포함하여 취재 및 편집인력 5 이상을 상시 고용
  → 언론의 자유 침해 O
    직업의 자유 침해 X
⑥ 시장지배적 사업자를 신문발전기금 지원대상에서 배제 → 위헌

8 제한

― 사전제한 → 검열
  ― ① 행정권이 주체 ― 법원에 의한 방영금지가처분은 검열 X
                   ― 행정기관인지 여부는 형식 X. 실질 O 에 따라 판단
                   ― <u>법률로써도 허용 X</u>

> 검열에 해당 O
> a. 건강기능식품 기능성광고 사전심의
> b. 공연윤리위원회에 의한 영화사전심의제도
> c. 등급분류보류제도
> d. 수입추천제도
> e. 한국광고자율심의기구
> f. 사전심의를 받지 않은 의료광고 금지
>
> 검열에 해당 X
> a. 등급분류제도
> b. 교과서 검·인정제도
> c. 민소법에 의한 방영금지가처분
> d. 여론조사실시 행위에 대한 신고의무부과
> e. 인터넷게시판 본인확인제
> f. 선거운동기간 중 인터넷언론사의 실명확인

  ― ② 발표되기 이전에
  ― ③ 내용을 심사 - 형식심사 X
  ― ④ 발표를 금지
― 사후제한 → 명백하고 현존하는 위험이 있어야 한다.

제4항 집회·결사의 자유

1 집회의 자유

1. 의의

   다수인이   공동목적   (일정한 장소) 일시적으로 결합
   ↓   ↓
   판례 2인 이상   내적유대   시위도 집회의 자유에 포함
                                    ┌ 자유로이 통행할 수 있는 장소를 행진 or
                                    └ 위력 또는 기세 보이는 것
                                                     └→ (예 연좌농성)

   "집회나 시위는 민주사회가 치러내야 하는 민주주의의 비용이다"

2. 주체

   자연인, 법인 모두 가능

3. 내용

   (1) 시간, 장소, 방법, 목적을 스스로 결정할 자유

   ① 장소선택의 자유는 집회·시위의 자유의 한 실질을 형성
   ② 옥외집회를 야간에 주최하는 행위도 보호
   ③ 집회장소를 항의의 대상으로부터 분리시키는 것을 금지

   (2) ① 집회에 참가하지 않을 자유도 포함
   ② 검문하는 것, 사진촬영행위 - 집회의 자유 제한 O

   (3) ① 평화적 집회만 보호
   ② 집회를 방해할 의도로 집회에 참가하는 것 → 집회의 자유 X

4. 집회에 대한 허가금지

   ① 원칙 : 절대적 금지
   ② 법률에 의한 일반적 제한은 금지 X
   ③ 법률에 의한 제한이 실질적으로 행정청의 허가인 경우 검열에 해당 O

2 집회와 시위에 관한 법률

집회·시위는 → 민주정치의 중요한 기본권 ↔ 다수인의 행동 → 미칠 가능성 ↑

1. 옥외집회
   (1) 사전신고

   > ▶ 집회 및 시위에 관한 법률 제6조(옥외집회 및 시위의 신고 등)
   > ① 옥외집회나 시위를 주최하려는 자는 그에 관한 다음 각 호의 사항 모두를 적은 신고서를 옥외집회나 시위를 시작하기 720시간 전부터 48시간 전에 관할 경찰서장에게 제출하여야 한다. 다만, 옥외집회 또는 시위 장소가 두 곳 이상의 경찰서의 관할에 속하는 경우에는 관할 시·도경찰청장에게 제출하여야 하고, 두 곳 이상의 시·도경찰청 관할에 속하는 경우에는 주최지를 관할하는 시·도경찰청장에게 제출하여야 한다.
   > ③ 주최자는 제1항에 따라 신고한 옥외집회 또는 시위를 하지 아니하게 된 경우에는 신고서에 적힌 집회 일시 24시간 전에 그 철회사유 등을 적은 철회신고서를 관할경찰관서장에게 제출하여야 한다.

   ① 신고대상 → a. 옥외집회
                  b. 학문·예술·체육은 신고 X
   ② 신고의 법적성격
        a. 신고는 ┬ 어떤 행위를 하기 위한 요건이 아니고
                 └ 단지, 관할행정기관의 행정적 편의를 위한 것
        b. 협력의무로서의 신고 → 허가를 구하는 취지로 변질되면 안된다.
   ③ 공권력행사 해당여부
        경찰서장이 이미 접수된 옥외집회 신고서를 반려하는 행위는 공권력행사에 해당한다.
        → 헌법소원 가능 O
   ④ 중복신고시 무조건 반납 → 위헌
   ⑤ 미신고집회 ┬ 바로 헌법위반 X
                ├ 해산명령(합헌)
                └ 공공의 안녕질서에 직접위협일 때만 해산명령가능

2. 집회 및 시위금지

   > ▶ 집회 및 시위에 관한 법률 제5조(집회 및 시위의 금지)
   > ① 누구든지 다음 각 호의 어느 하나에 해당하는 집회나 시위를 주최하여서는 아니 된다.
   >   1. 헌법재판소의 결정에 따라 해산된 정당의 목적을 달성하기 위한 집회 또는 시위
   >   2. 집단적인 폭행, 협박, 손괴(損壞), 방화 등으로 공공의 안녕 질서에 직접적인 위협을 끼칠 것이 명백한 집회 또는 시위

   判) ① 공공의 안녕 질서에 직접적인 위협을 끼칠 것이 명백한 집회 또는 시위 → 합헌
       ② 헌법의 민주적 기본질서에 위배되는 집회 또는 시위를 금지하고 이를 위반 시 형사처벌
           → 집회의 자유 침해 O(구체적 기준 없기 때문)

3. 야간집회

▶ 집회 및 시위에 관한 법률 제10조(옥외집회와 시위의 금지 시간)

누구든지 해가 뜨기 전이나 해가 진 후에는 옥외집회 또는 시위를 하여서는 아니 된다. 다만, 집회의 성격상 부득이하여 주최자가 질서유지인을 두고 미리 신고한 경우에는 관할경찰관서장은 질서 유지를 위한 조건을 붙여 해가 뜨기 전이나 해가 진 후에도 옥외집회를 허용할 수 있다.

- 야간시위 : 해가 진 후 ~ 24시(위헌), 24시 이후(헌법불합치)
- 야간집회 : 24시(한정위헌)

4. 시위금지장소
- 외교공관, 법원, 국회의사당 → 100미터 내외 절대금지(위헌)
- 집회장소를 항의대상에서 분리시키는 것은 금지

3 결사의 자유

1. 의의
① 다수인이   공동목적   자발적·지속적으로 단체를 결성하는 자유
                                              ↑
                                    "의사표현을 하는 것이 아니라"

② 사실상 계속하여 존재함을 요하지 않는다.

2. 주체
① 자연인, 법인 모두 가능
② 비영리·영리 단체도 가능
③ 공법상의 결사, 공공목적에 의한 특수단체 X
    ↳ 주택건설촉진법상 주택조합 → 결사의 자유 대상 X
    ↳ 농지개량조합 ⇒ 결사의 자유 대상 X

3. 종류
- 일반적 결사의 자유
- 특수결사의 자유 ┬ 정당 → 제8조는 결사의 자유의 특별규정
                  ├ 교단
                  ├ 학문, 예술
                  └ 노동조합

4. 내용
- 적극적 : 단체결성의 자유, 단체존속의 자유, 단체활동의 자유, 가입·잔류의 자유
- 소극적 : 탈퇴할 자유, 가입하지 않을 자유
            ↳ 사법상 결사 O, 공법상 결사는 가입강제
                ↳ ∴ 주택조합은 결사의 자유 X

5. 위헌심사기준

   농협(사법인 + 공법인 역할) - 공공성이 강한 법인인의 역할을 수행하므로 순수한 사적인 임의결사의
   　　제한↓　　제한↑　　　기본권이 제한되는 경우에 비해서는 완화된 기준이 적용된다.

6. 관련판례

   ① 축산업협동조합 복수조합설립금지 → 결사의 자유 제한 O, 침해 O
   ② 대한민국고엽제전우회 회원은 월남전참전자회 회원 가입 금지 → 결사의 자유 침해 X
   ③ 지역농협 이사선거, 전화, 문자메시지의 선거운동방법을 금지, 위반한 자 처벌
   　 → 결사의 자유 침해 O
   ④ 노동조합 설립신고서 요건 충족 못할 시 반려 → 근로자의 단결권 침해 X
   ⑤ 안마사협회 가입강제 → 침해 X

제5항 학문과 예술의 자유

1 학문의 자유

진리탐구의 자유

연구결과, 발표의 자유도 포함

┌ 수업권(초·중등교사) → 일반화된 지식의 전달 → 가치편향적 교육 X
│　↕ 구별
└ 학문의 자유 → 진리의 탐구

① 주체 : 자연인, 법인
② 내용

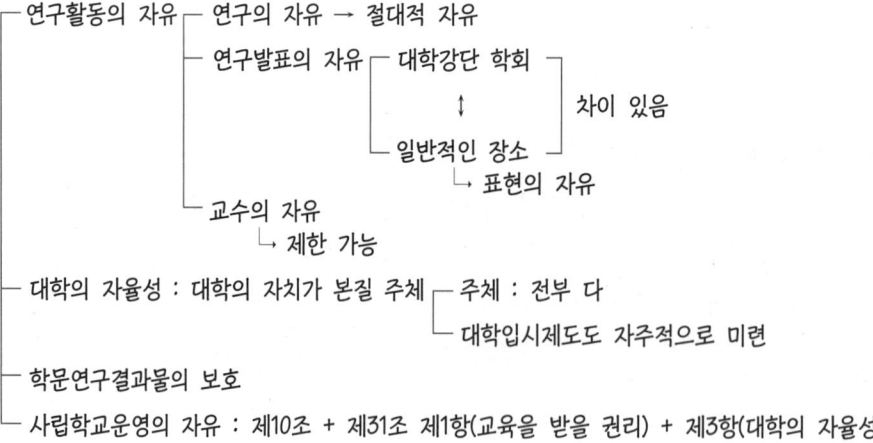

> **기출 OX**
>
> 대학의 자치에 있어서 대학 전 구성원이 자율성을 갖지만, 대학·교수회·교수 모두가 단독, 혹은 중첩적으로 주체가 될 수는 없다. 17. 국회직 8급 　　　　　　　　　　　　　　　　　　　　O X
>
> 　　　　　　　　　　　　　　　　　　　　　　　　　　　　　　　　　　　정답 ×

③ 한계 : 제37조 제2항

④ 위헌심사기준

법률조항이 대학의 자유를 제한하고 있다고 하더라도 그 위헌 여부는 입법자가 기본권을 제한함에 있어 헌법 제37조 제2항에 의한 합리적인 입법한계를 벗어나 <u>자의적으로</u> 그 본질적 내용을 침해하였는지 여부에 따라 판단되어야 한다(∵ 제31조 제6항 교육제도법정주의).

> **기출 OX**
>
> 대학의 자율의 구체적인 내용은 법률이 정하는 바에 의하여 보장되며, 국가는 헌법 제31조 제6항에 따라 모든 학교제도의 조직·계획·운영·감독에 관한 포괄적인 권한을 부여받지만, 대학의 자율성 보장은 대학자치의 본질이므로 대학의 자율에 대한 침해 여부를 심사함에 있어서는 엄격한 과잉금지원칙을 적용하여야 한다. 18. 변호사 　　　　　　　　　　　　　　　　O X
>
> 　　　　　　　　　　　　　　　　　　　　　　　　　　　　　　　　　　　정답 ×

⑤ 판례

대법원 판례 → 대학교수 "한국전쟁과 민족통일"의 논문발표 → 학문의 자유 범위 내 X

헌재 판례 ┬ 서울대 입시안, 교과서 검정제도, 대학교수 기간임용제
　　　　　│　　　　　↓　　　　　　　　　　　↓
　　　　　│　　　청구기각　　　　　교원법정주의위반 O(∵ 사후구제절차 미비)
　　　　　└ 대학총장임용방식 ┬ 총장선출방식 → 직접 아니어도 합헌
　　　　　　　　　　　　　　└ 대학총장후보자 선출에 참여할 권리(헌법상 기본권 O)

2　예술의 자유

① 주체

　내국인 O, 외국인 O, 법인 O

② 내용

┬ 창작의 자유
├ 표현의 자유
└ 집회·결사의 자유

③ 제한과 한계

제37조에 의해 제한받는다.

④ 판례

학교정화구역 내 극장시설 및 영업을 일반적으로 금지 → 위헌 O

05 | 경제적 영역의 자유

제1항 거주·이전의 자유

> ▶ 14조
> 모든 국민은 거주·이전의 자유를 가진다.

- 체류지 변경자유
- 국적이탈의 자유 O, 무국적의 자유 X, 입국의 자유 ─ 외국인 X
  └ 내국인 O
- 영내기거 현역병 → 침해 X, ∴ 병역법에서 제한 O
- 차벽 세우는 것 → X(일반적 행동자유 O)
- 주택재개발사업 → 정비사업조합 → 수용권한 ─ 재산권으로 판단
  └ 거주이전의 자유는 판단 X
- 자경농지 → 농지소재지 거주요건(침해 X)
- 법인도 거주이전의 자유 O
  └ 과밀지역 → 취득세 중과 → 제한 O, 침해 X
- 출국금지 ─ 조세미납자 → 출국금지 → 과잉
  │   ∴ 미납자의 재산의 해외도피를 막기 위해서
  │   └ 이런 사정 고려 X → 무조건 출국금지 → 과잉 O
  └ 형사재판 중 ─ 행정처분 O, 영장주의 적용 X
          ├ 무죄추정위반 X → 해외도피 막기 위해서 잡아두는 것
          ├ 외국에 나가 증거를 수집할 권리 X
          │   └ 공정한 재판에 ↑
          └ 출국의 자유 침해 X
- 거주지를 기준 → 고교평준화 → 불편 O, 침해 X
- 탈북인사 → 여권발급거부 O → 침해 O
- 지방자치단체장 90일 이상 거주요건 → 침해 X
- 해외위난지역에서 여권사용제한 → 침해 X

제2항 직업의 자유

▶ 15조
모든 국민은 직업선택의 자유를 가진다.

1 직업
- 생활의 기본수요를 충족하기 위한 계속적 소득활동
- 공공무해성은 요건 X
- 아르바이트는 직업 O
- 성매매업 O
- 게임환전업 O
- 무보수봉사직 X

2 주체
- 외국인도 제한적으로 직장선택의 자유를 가진다. but, 국민과 동일한 수준은 X
  - 判) 외국인근로자 사업장 3회 제한 → 직업선택의 자유침해 X
       사업장 변경허가 신청일 2개월로 제한 → 직장선택의 자유침해 X
- 법인도 인정, but 공법인은 X

3 내용

① ┌ 직업결정의 자유
  ├ 직업수행의 자유
  └ 전직의 자유

┌─ 기출 OX ─────────────────────────┐
│ 직업교육장 선택의 자유는 직업의 자유에 포함된다. 17. 국회직 5급   O X │
│   정답 O │
└──────────────────────────────┘

② 경쟁의 자유 O, 겸직의 자유 O
③ 합당한 보수를 받을 권리 X

4 제한

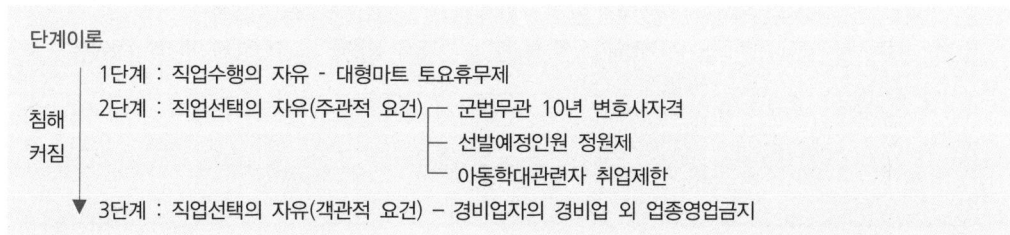

5 자격제도

① 폭넓은 입법재량 → 현저히 자의적인 경우만 위헌(엄격심사 X)
② 변호사시험 5회 제한(합헌)

6 판례

위헌판례

① 성인대상 성범죄로 형을 선고받아 확정된 자로 하여금 형의 집행을 종료한 날로부터 10년 동안 의료기관에 취업을 제한 한 것 → 주관적 의미의 좁은 직업선택의 자유에 해당 O
② 성적목적공공장소침입죄 일률적으로 10년, 마약류관리법위반 택시면허 20년 제한은 침해
③ 유치원, 대학교 주변 당구장시설 제한(위헌)
   vs
   초·중·고등학교 당구장시설 제한(합헌)
④ ┌ 공무원
  ├ 향토예비군 ┐ 금고이상 선고유예시 ┌ 당연퇴직(위헌)
  ├ 군무원   ┘   └ 공무원결격사유(합헌)
  └ 청원경찰
⑤ 지적측량업무를 비영리법인에게만 대행할 수 있도록 하는 것
⑥ 음주전후, 숙취해소라는 표시를 금하는 것
⑦ 전문과목을 표시한 치과의원은 전문과목에 해당하는 환자만 진료하여야 한다는 의료법 조항
   → 직업수행자유 침해, 평등권 침해 O(신뢰보호 및 명확성원칙 위배 X)
⑧ 보존음료수의 국내판매를 허가하지 않은 것
⑨ 치과전문의 자격 인정 요건으로 '외국의 의료기관에서 치과의사 전문의 과정을 이수한 사람'을 포함하지 아니한 것
⑩ 복수면허 의료인들에게 단수면허 의료인과 같이 하나의 의료기관만을 개설할 수 있다고 한 법률조항
⑪ 법인의 임원이 학원의 설립·운영 및 과외교습에 관한 법률을 위반하여 벌금형을 선고받은 경우 법인에 대한 학원설립·운영 등록이 효력을 잃도록 한 법률규정
   유사) 법인의 임원이 금고 이상의 형을 선고받은 경우 법인의 건설업 등록을 필요적으로 말소하도록 규정한 것
⑫ '자동차운전전문학원을 졸업하고 운전면허를 받은 사람 중 교통사고를 일으킨 비율이 대통령령이 정하는 비율을 초과하는 때'에는 학원의 등록을 취소하게 한 것
⑬ 운전면허를 받은 사람이 다른 사람의 자동차를 훔친 경우 운전면허를 필요적으로 취소하게 하는 것
⑭ 경비업을 전문으로 하는 별개의 법인을 설립하지 않는 한 경비업과 그 밖의 업종을 겸영하지 못하도록 하는 것
⑮ 아동학대 관련 범죄로 형을 선고받아 확정된 자로 하여금 그 형이 확정된 때부터 형의 집행이 종료되거나 집행을 받지 아니하기로 확정된 후 10년 동안 아동 관련 기관인 체육시설 등을 운영하거나 학교에 취업할 수 없도록 제한하는 것
⑯ 자도소주구입명령제도
⑰ 청원경찰이 금고 이상의 형의 선고유예를 받은 경우 당연퇴직되도록 규정한 청원경찰법 조항
   비교) 청원경찰이 법원에서 자격정지의 형을 선고받은 경우 당연퇴직하도록 한 조항
⑱ 보건복지부장관이 치과전문의자격시험제도를 실시할 수 있도록 시행규칙을 마련하지 아니한 행정입법부작위

합헌판례

① 변호사들로 하여금 소속지방변호사회에 수임사건의 건수 및 수임액을 보고하도록 하는 것
　→ 변호사들의 직업수행의 자유를 제한 O(but, 침해 X)
② 유사군복을 판매할 목적으로 소지하는 행위를 처벌하는 조항
③ 건설업자가 부당한 방법에 의한 등록행위를 한 경우 필요적 건설업등록 말소
　유사) 건설업자가 '명의대여'를 한 경우 건설업의 등록을 필요적으로 말소하도록 규정
④ 일반학원의 강사라는 직업의 개시를 위한 주관적 전제조건으로서 '대학 졸업 이상의 학력 소지'라는 자격기준을 갖추도록 요구 → 제한 O(but, 침해 X)
⑤ 20년 이상 관세행정분야에서 근무한 자에게 일정한 절차를 거쳐 관세사 자격을 부여한 구 관세사법 규정
⑥ 샘플 화장품을 판매 금지하고 그 위반자에 대해서 형사처벌을 규정한 것
⑦ 변호사시험 성적비공개 → (직업선택의 자유 침해 X, 알권리 침해 O)
⑧ PC방 전체를 금연구역으로 지정하고 이를 공포 후 2년이 경과한 날부터 시행
⑨ 안경사 도수측정행위
⑩ 입원환자에 대하여 의약분업의 예외를 인정하면서도 의사로 하여금 조제를 직접 담당하도록 한 것
⑪ 의료인이 '치료효과를 보장하는 등 소비자를 현혹할 우려가 있는 내용의 광고'를 한 경우 형사처벌하도록 규정
⑫ 대학 부근의 정화구역에서 납골시설의 설치를 금지
⑬ 초·중·고등학교 등 학교환경위생정화구역 안에서 노래연습장의 설치를 제한
⑭ 초·중·고등학교 및 대학교 경계선으로부터 200미터 내로 설정된 학교환경위생정화구역 안에서 여관시설 및 영업행위를 금지
⑮ 유치원 주변 학교환경위생 정화구역에서 성관련 청소년유해물건을 제작 생산 유통하는 청소년 유해업소를 예외 없이 금지하는 구 학교보건법 관련조항
⑯ 금고 이상의 실형을 선고받고 그 집행이 종료된 날부터 3년이 경과되지 않은 경우 중개사무소 개설등록을 취소하도록 한 공인중개사법 조항
⑰ 제조업의 직접생산공정업무를 근로자파견의 대상 업무에서 제외하는 법률조항
⑱ 변호사가 변호사 업무수행을 하던 중 변리사 등록을 한 경우 대한변리사회에 의무적으로 가입하게 하는 조항
⑲ 변호사가 변리사 업무를 수행하는 경우 변리사 연수교육을 받을 의무를 부과하는 조항
⑳ 의료기기 수입업자가 의료기관 개설자에게 리베이트를 제공하는 경우를 처벌하는 조항
㉑ 품목허가를 받지 아니한 의료기기를 수리·판매·임대·수여 또는 사용의 목적으로 수입한 자를 처벌하는 조항
㉒ 택시운전자격을 취득한 사람이 강제추행 등 성범죄를 범하여 금고 이상의 형의 집행유예를 선고받은 경우 그 자격을 취소하도록 하는 것
㉓ 사람을 사상한 후 필요한 조치 및 신고를 하지 아니하여 벌금 이상의 형을 선고 받고 운전면허가 취소된 사람은 운전면허가 취소된 날부터 4년간 운전면허를 받을 수 없도록 하는 도로교통법 관련 조항
㉔ 초·중등학교장의 중임회수를 1회로 제한
㉕ 사립학교법상 개방감사제 → (사학의 자유 침해 X)
㉖ 형의 집행을 유예하는 경우에 사회봉사를 명할 수 있도록 하는 법규정 → (일반적 행동의 자유 제한 O, 직업의 자유 제한 X)
㉗ 2015년 1월 1일부터 모든 일반음식점영업소를 금연구역으로 지정하여 운영하도록 한 국민건강증진법 시행규칙 규정
㉘ '국민의 생명·건강에 직결되는 분야'에 대한 민간자격의 신설·관리·운영을 금지하고 이를 위반하는 경우 형사처벌하도록 하는 자격기본법 규정
㉙ 허위로 진료비를 청구해서 환자나 진료비 지급기관 등을 속여 사기죄로 금고 이상 형을 선고받고 그 형의 집행이 종료되지 아니하였거나 집행을 받지 않기로 확정되지 않은 의료인에 대하여 필요적으로 면허를 취소하도록 하는 것
㉚ 이륜차의 고속도로 통행을 금지하는 것

㉛ 국가기술자격증을 다른 자로부터 빌려 건설업의 등록기준을 충족시킨 경우 그 건설업 등록을 필요적으로 말소하도록 한 법률규정
㉜ 현금영수증 의무발행업종 사업자로 하여금 건당 10만원 이상의 현금거래 시 현금영수증을 의무발급하도록 하고 위반시 과태료를 부과하는 것
㉝ 변호인선임서 등을 공공기관에 제출할 때 소속 지방변호사회를 경유하도록 한 법률규정
㉞ 1인의 의료인에 대하여 운영할 수 있는 의료기관의 수를 제한하는 것은 입법재량을 일탈하였다고 보기 어렵다.
㉟ 감차 사업구역 내에 있는 일반택시 운송 사업자에게 택시운송사업 양도를 금지하고 감차 계획에 따른 감차 보상만 신청할 수 있도록 하는 조항
㊱ 범죄의 종류와 관계없이 금고 이상의 형의 집행유예를 선고받고 그 유예기간이 지난 후 2년이 경과하지 아니한 자는 변호사가 될 수 없도록 규정한 것

제3항 재산권

▶ 23조
① 모든 국민의 재산권은 보장된다. 그 내용과 한계는 법률로 정한다.
② 재산권의 행사는 공공복리에 적합하도록 하여야 한다.
③ 공공필요에 의한 재산권의 수용·사용 또는 제한 및 그에 대한 보상은 법률로써 하되, 정당한 보상을 지급하여야 한다.

1 재산권의 의의

경제적 가치있는 모든 공법상·사법상 권리
- 사적재산권 : 사적유용성 + 처분권
- 공법상 권리가 재산권이 되기 위한 요건 : ① 사적유용성 ② 자기기여 ③ 생존확보

2 객체

재산가액의 다과를 불문
- 객체 O
  - 민법상 소유권, 채권
  - 특별법상 권리(광업권, 어업권, 수렵권)
  - 공법상 권리(월급청구권, 연금청구권)
- 객체 X
  - 단순한 기대이익, 반사적 이익
  - 단순한 경제적 이익
  - 우연히 발생한 법적지위

(1) 재산권으로 인정된 판례
  ① 특허권
  ② 개인택시면허
  ③ 환매권
  ④ 공무원연금법상의 각종급여, 군인연금법상 퇴역연금, 공무원퇴직연금, 군인연금법상 연금수급권
  ⑤ 공무원 보수청구권 → 하위법령에 의하여 구체화될 때 재산권 → 그 전은 기대이익
              vs
     일정 수준의 보수청구권 X
  ⑥ 일본군 위안부 피해자들이 가지는 배상청구권
              vs
     대일 항쟁기 강제동원자 지원금 위로금 → 시혜적인 금전급부 → 유족의 재산권 X
  ⑦ 우편물 지연배달에 따른 손해배상청구권
  ⑧ 상가 임차인이 누리게 되는 임차권
  ⑨ 관행어업권
  ⑩ 주주권
  ⑪ 산재보험수급권

(2) 재산권으로 인정되지 않은 판례
  ① 교원의 정년단축으로 기존 교원이 입는 경제적 불이익
  ② 지가상승의 기회
  ③ 장기미집행 도시계획시설결정의 실효제도
  ④ 의료급여수급권
  ⑤ 의료보험조합의 적립금
  ⑥ 상공회의소 의결권 또는 회원권
  ⑦ 강제집행권
  ⑧ 단순한 이익이나 재화의 획득에 관한 기회
  ⑨ 사립학교운영권 자체
  ⑩ 시혜적 입법
  ⑪ 자유로이 기부행위를 할 수 있는 기회의 보장
  ⑫ 사회보장수급권(법정요건을 갖추기 전)

3 내용

1. 사유재산제도의 보장(제23조 제1항)
    (1) 보장된다는 의미
        ① 사유재산제도의 인정
        ② 구체적 재산권의 존속보장
    (2) 유언의 자유 → 재산권의 보호 O
    (3) 상속권은 재산죄의 일종, 입법자는 상속권의 내용과 한계를 구체적으로 형성함에 있어 일반적으로 "광범위한 입법형성권"을 가진다.
    (4) 재산권은 그 형태로 영원히 지속될 것이라고 보장된다는 의미는 아니다.
        → 새로이 형성할 수 있는 권한 포함 O
    (5) 내용과 한계는 법률로 정한다.
        → 기본권 형성적 법률유보

2. 사회적 구속성(제23조 제2항)
    ① 공공복리 ┬ 고정개념 X, 변모하는 것
              └ 사회전체의 이익 → 못 가진 자의 이익 X(허영)
    ② 물건에 대한 재산권 행사에 비하여 동물에 대한 재산권 행사는 사회적 연관성과 사회적 기능이 매우 크다 할 것이므로 이를 제한하는 경우 입법재량의 범위를 폭넓게 인정함이 타당하다.

3. 재산권의 공용침해·제한과 보상(제23조 제3항)

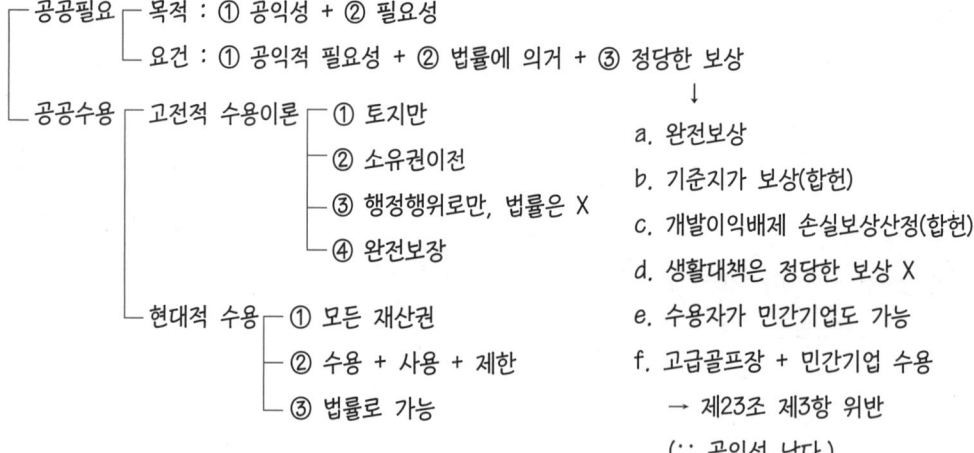

사회적 구속성과 공용수용과의 관계	
경계이론	분리이론
침해정도에 의한 구별 ↓ 기준 : 특별희생 ↓ 가치보장 (손실보상청구가능)	구속성 ↔ 수용 별개 기준 : 내용과 한계 → 규정행위 　　　　수용 → 박탈행위 1. 입법자의 판단존중 2. 존속보장 ↓ "조정 의무있는 내용규정"을 인정 ↓ 해결책 ┌ 1차 행정소송 → 취소 　　　 └ 2차 보상청구

4 판례

1. 토지재산권

    토지에 대해서는 다른 재산권에 비해 더 많은 입법을 제한할 수 있다.

2. 토지거래허가제 : 원칙적으로 합헌

3. 택시소유상한에 관한 법률(위헌)

    ↳ 일률적으로 200평으로 소유상한을 제한

4. 개발제한구역의 설립(원칙적 합헌), 역사문화미관지구(합헌)

5. 종합부동산세

    ┌ 세대별합산(위헌)
    └ 주택분 종합부동산세는 한주택 소유자에게 지불능력을 묻지 않고 일률부과(헌법불합치)

6. 부담금

    (1) 의의

        특정공익목적 실현을 위한 조세 이외의 금전급부의무

    (2) 내용

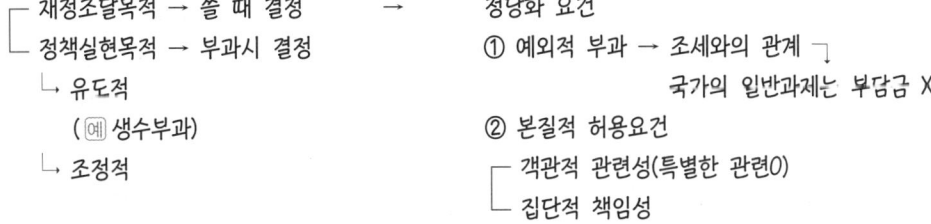

    위헌) 문화예술진흥기금, 골프장이용부과금, 학교용지 수분양자

    합헌) 영화상영관 입장권부담금, 먹는 물 부담금

7. 기타판례

재산권을 침해하는 판례

① 상속회복청구권의 행사기간을 상속 개시일로부터 10년으로 제한하는 것
　　vs
상속권회복청구권의 행사기간을 상속권의 침해를 안 날로부터 3년, 상속권의 침해행위가 있은 날로부터 10년으로 제한하는 민법(합헌)
② 공무원 또는 공무원이었던 자가 재직 중의 사유로 금고이상의 형을 받은 때에 퇴직수당의 일부를 감액
③ 퇴직연금수급자가 지방의회의원에 취임한 경우 그 재직기간 중 퇴직연금 전부의 지급을 정지하도록 하는 것
④ 지역구국회의원선거 예비후보자가 자신의 의사와 관계없이 정당의 공천관리위원회의 심사에서 탈락하고 본선거의 후보자 등록을 하지 않은 경우를 지역구국회의원선거 예비후보자의 기탁금 반환사유로 규정하지 않은 것
⑤ 별거나 가출 등으로 실질적인 혼인관계가 존재하지 아니하여 연금 형성에 기여가 없는 이혼배우자에 대해서 법률혼 기간을 기준으로 분할연금 수급권을 인정하는 것
⑥ 배우자의 상속공제를 인정받기 위한 요건으로 배우자상속재산 분할기한까지 배우자의 상속재산을 분할하여 신고할 것을 요구하면서 위 기한이 경과하면 일률적으로 배우자의 상속공제를 부인하고 있는 구「상속세 및 증여세법」
⑦ 퇴직연금수급자가 지방의회의원에 취임한 경우 그 재직기간 중 퇴직연금 전부의 지급을 정지하도록 하는 것

재산권을 침해하지 않는 판례

① 문화재 및 출처를 알 수 있는 중요한 부분이나 기록을 인위적으로 훼손한 문화재의 선의취득배제조항 → 재산권에 해당 X
　　vs
은닉, 보유, 보관된 문화재에 대하여 필요적 몰수를 규정한 문화재보호법 규정
→ 재산권 침해 O(책임과 형벌 간 비례원칙에 위배)
② 재건축사업 진행단계에 상관없이 임대인이 갱신거절권을 행사할 수 있도록 한 법률
③ 교도소에 수용된 때에는 국민건강보험급여를 정지
④ 보유기간이 1년 이상 2년 미만인 자산이 공용수용으로 양도된 경우에도 중과세하는 구「소득세법」조항
⑤ 국민연금기금을 공공자금관리기금에 예탁하도록 한 것
⑥ 상속회복청구권에 대하여 단기의 제척기간을 규정하고 있는 민법규정을 적용함에 있어 공동상속인을 참칭상속인의 범위에 포함시키는 것
⑦ 상속재산에 관한 포괄·당연승계주의
⑧ 매장문화재발굴비용 사업자부담
⑨ 소액임차인이 보증금 중 일부를 우선하여 변제받으려면 주택에 대한 경매신청의 등기 전에 대항력을 갖추어야 한다고 규정한 주택임대차보호법 조항
⑩ 유류분 반환청구시 '반환하여야 할 증여를 한 사실을 안 때로부터 1년'이라는 단기소멸시효를 정한 것
⑪ 청중이나 관중으로부터 당해 공연에 대한 반대급부를 받지 아니하는 경우에는 상업용 목적으로 공표된 음반 또는 상업용 목적으로 공표된 영상저작물을 재생하여 공중에게 공연할 수 있다고 규정한 저작권법
⑫ 피상속인에 대한 부양의무를 이행하지 않은 직계존속의 경우를 상속결격사유로 규정하지 않은 것
⑬ 임용결격사유가 존재함에도 불구하고 공무원으로 임용되어 20년 이상 근무한 자에 대해 법이 정한 퇴직연금 수급권을 부여하지 않은 것
⑭ 공익사업을 위하여 취득된 토지의 환매금액 증액청구

⑮ 토지의 협의취득 또는 수용 후 당해 공익사업이 다른 공익사업으로 변경되는 경우에 당해 토지의 원소유자 또는 그 포괄승계인의 환매권을 제한하고, 환매권 행사기간을 변환고시일부터 기산하도록 한 것
⑯ 건축법 위반자에 대하여 시정명령 이행시까지 반복적으로 이행강제금을 부과할 수 있도록 규정한 건축법 조항
⑰ 수분양자가 아닌 개발사업자에게 학교용지부담금 부과
⑱ 법인이 과밀억제권역 내에 본점의 사업용 부동산으로 건축물을 신축하여 이를 취득하는 경우 취득세를 중과세하는 구「지방세법」조항
⑲ 등기부취득시효제도
⑳ 파산채권자에 대한 채무의 전부에 관하여 그 책임을 면제하는 채무자 회생 및 파산에 관한 법률
㉑ 회사정리절차에 있어서 정리채권 등의 추완신고는 정리계획안 심리를 위한 관계인집회가 끝난 후에는 하지 못한다고 규정한 구 회사정리법 조항
㉒ 건축허가를 받은 날로부터 1년에 공사에 착수하지 않은 경우 건축허가를 필수적 취소한 건축법 조항
㉓ 사법상 채권에 기하여 행하여진 국가의 납입 고지에 일반 사법(민법)상의 최고와는 달리 종국적인 시효중단의 효력을 부여하는 것
㉔ 임차인의 계약갱신요구권 행사 기간을 10년으로 규정한 상가건물 임대차보호법 의 개정법 조항을 개정법 시행 후 갱신되는 임대차에 대하여도 적용하도록 규정한 동법 부칙의 규정

CHAPTER 05 참정권적 기본권

01 참정권

1 의의
국민이 공동체의 의사결정에 관여할 수 있는 권리

2 종류
- 직접참정권
  - 의의 – 국민이 직접 의사결정에 참여할 수 있는 권리
  - 종류
    - 국민발안권, 국민표결권, 국민소환권
    - 제72조(국가안위에 관한 국민투표)
    - 제130조(헌법개정안에 대한 국민투표)
- 간접참정권
  - 의의 – 국민이 국가기관의 구성에 참여하거나 국가기관의 구성원으로 선임될 수 있는 권리
  - 종류
    - 제24조(선거권)
    - 제35조(공무담임권)

3 판례
주민투표권
- 헌법이 보장 X(기본권 또는 헌법상 제도적으로 보장되는 주관적 공권 X)
- 법률이 보장하는 참정권 O

02 선거제도

1 선거권

> ▶ 헌법
>
> 제24조
> 모든 국민은 법률이 정하는 바에 의하여 선거권을 가진다.
>
> 118조
> ② 지방의회의 조직·권한·의원선거와 지방자치단체의 장의 선임방법 기타 지방자치단체의 조직과 운영에 관한 사항은 법률로 정한다.

1. 선거권
    ① 헌법 제24조는 모든 국민은 '법률이 정하는 바에 의하여' 선거권을 가진다고 규정함으로써 법률유보의 형식을 취하고 있지만, 이것은 국민의 기본권을 법률에 의하여 구체화하라는 뜻이며 선거권을 법률을 통해 구체적으로 실현하라는 의미이다.   (포괄적 입법권 X)
    ② 지방자치단체의 장 선거권은 헌법상 보장된 기본권이다.
        ┌ 법률상 권리 X
        └ 헌법상 권리 O
    ③ 지역농협은 기본적으로 사법인의 성격을 지니므로 조합장 선거에서 선거운동을 하는 것은 선거권의 범위에 포함 X

2. 선거의 기본원칙

    ▶ 헌법

    제41조
    ① 국회는 국민의 보통·평등·직접·비밀선거에 의하여 선출된 국회의원으로 구성한다.

    제67조
    ① 대통령은 국민의 보통·평등·직접·비밀선거에 의하여 선출한다.

    국회는 국민의 보통·평등·직접·비밀선거에 의하여 선출된 국회의원으로 구성한다.
                    ↕   ↕   ↕   ↕
                   제한 차등 간접 공개

    (1) 보통선거
        ① 연령제한 - 합헌
        ② 선거권제한 - 기본권 제한인 제37조 제2항의 규정에 따라 제한될 수 있음
        ③ 수형자의 선거권 제한 - 헌법불합치
           집행유예자의 선거권 제한 - 위헌
        ④ 1년 이상 징역형을 선고받고 집행이 종료되지 않은 자의 선거권 제한 - 합헌
        ⑤ 재외국민
            a. 외국인도 선거가능(공직선거법에 명시 O, 지방자치법 X)
            b. 주민등록을 요건으로 국내거주 재외국민의 지방선거 피선거권 제한 - 위헌
            c. 재외선거인을 위해 인터넷투표방법이나 우편투표방법을 채택하지 않고 원칙적으로 공관에 설치된 재외투표소에 직접 방문하여 투표하는 방법 채택 - 합헌
            d. 재외선거권자 → 재외선거인 등록신청 - 합헌
            e. 과도한 기탁금 - 보통선거 위반

> 국내에 주민등록이 되어 있지 않고 거소신고도 하지 않은 재외국민의 선거권
> 1. 인정되는 선서권
>   ① 대통령선거권
>   ② 임기만료에 따른 비례대표국회의원선거권
>   ③ 국민투표권
> 2. 인정되지 않는 선거권
>   ① 임기만료에 따른 지역구 및 비례대표지방의회의원선거권
>   ② 국회의원 재·보궐선거권
>   ③ 임기만료에 따른 지역구국회의원선거권

(2) 평등선거
  ① 투표가치의 평등
  ② 보통선거와의 구별
  ┌ 보통선거 : 선거권의 귀속에 대한 차별금지
  └ 평등선거 : 선거권의 가치에 대한 차별금지
  ③ 평등의 의미
    1인 1표, 투표의 성과가치의 평등까지 의미한다.
  ④ 상대적 평등
    a. ┌ 국회의원, 지방의회의원 - 선거에서의 중립의무 요구 X
       └ 지방자치단체 장 - 선거에서의 정치적 중립성이 엄격하게 요구 O
    b. 인구수에 상관없이 기초의원 2人씩 선출 - 평등권 침해 O
  ⑤ 국회의원선거 인구편차 - 상하 33%, 인구비례 2:1
    지방의원선거 인구편차 - 상하 50%, 인구비례 3:1
  ⑥ 배우자의 명함교부는 합헌, 배우자가 지정하는 1人은 위헌
  ⑦ 정당후보자에게 별도의 연설기회부여(위헌)

(3) 직접선거
  ① 국회의원은 국민이 직접 뽑아야 한다.
  ② 비례대표제
  ┌ 고정명부식 - 합헌
  └ 1인 1표제 하에서의 비례대표의석 배분방식 - 위헌
  ③ 의원의 선출뿐만 아니라 정당의 비례적인 의석확보도 선거권자의 투표에 의하여 직접 결정될 것을 요구

(4) 비밀선거
  모사전송시스템을 이용한 선상투표제도는 비밀선거의 원칙을 이유로 거부할 수 없다.

(5) 자유선거
  ① 헌법에 명시적 규정은 X

② 투표의 자유, 입후보의 자유, 선거운동의 자유
③ 선거운동 기간제한 - 합헌
④ 비례대표국회의원 후보자는 공개장소에서 연설·대담 금지 → 선거운동의 자유 침해 X
⑤ 투표소 오후 6시에 닫는 것 - 합헌
⑥ 부재자투표 개시시간 ┬ 오전 10시 - 위헌
　　　　　　　　　　　└ 오후 4시에 닫는 것 - 합헌

2 선거제도의 유형

1. 선거구제
   ① 의의
   　의원을 선출하는 단위에 따른 구별
   ② 종류
   ┬ 소선거구제(하나의 선거구에서 1~2인을 결정)
   ├ 중선거구제(하나의 선거구에서 3~4인을 결정)
   └ 대선거구제(하나의 선거구에서 5인 이상을 결정)
   ③ 소선거구제의 장·단점
   ┬ 장점 - 양대정당의 확립, 정치적 안정확보
   └ 단점 - <u>과대한 사표발생</u>, 정당득표율과 의석획득률의 괴리, 지방토착인물의 과다등용
   　　　예) A : 51%　B : 49% → A가 이기면 49% 사표발생

   ─── 기출 OX ───
   1. 소선거구제는 과다한 사표(死票) 발생, 정당득표율과 의석획득률의 괴리, 선거구획정의 난점 등의 단점이 있다. 17. 법행　　○ ×
   2. 소선거구 다수대표제를 규정하여 다수의 사표가 발생한다 하더라도 그 이유만으로 헌법상 요구된 선거의 대표성의 본질을 침해한다거나 그로 인해 국민주권원리를 침해하고 있다고 할 수 없다. 18. 서울시 7급　　○ ×
   　　　　　　　　　　　　　　　　　　　　　　　　　　정답 1. ○ 2. ○

2. 대표제
   ① 의의
   　선거구에서 당선자를 결정하는 방식
   ② 종류
   ┬ 다수대표제 - 여러 후보자 중 가장 많이 득표한 후보자를 당선시키는 제도
   └ 비례대표제 - 정당별로 득표한 비율에 따라 미리 지정된 방식과 명부에 의해 의석을 배분

3. 공직선거법 및 선거부정방지법
   국회의원선거에서 선거구구역표의 일부에 위헌적 요소가 있는 경우에는 선거구구역표 전체를 위헌이라고 할 수 있다(판례).

03 | 공직선거법

1 선거권·피선거권

1. 선거권자

   (1) 적극적 요건

   > ▶ 공직선거법 제15조(선거권)
   > ① 18세 이상의 국민은 대통령 및 국회의원의 선거권이 있다. 다만, 지역구국회의원의 선거권은 18세 이상의 국민으로서 제37조 제1항에 따른 선거인명부작성기준일 현재 다음 각 호의 어느 하나에 해당하는 사람에 한하여 인정된다.
   >   1. 「주민등록법」 제6조제1항 제1호 또는 제2호에 해당하는 사람으로서 해당 국회의원지역선거구 안에 주민등록이 되어 있는 사람
   >   2. 「주민등록법」 제6조 제1항 제3호에 해당하는 사람으로서 주민등록표에 3개월 이상 계속하여 올라 있고 해당 국회의원지역선거구 안에 주민등록이 되어 있는 사람

   ① 선거연령 법정주의(18세 이상)
   ② 대한민국 국민일 것
   ③ 거주요건
   ④ 외국인 → 지방선거 가능 O/ 지역구국회의원 선거 X

   (2) 소극적 요건

   > ▶ 공직선거법
   > 제18조(선거권이 없는 자)
   > ① 선거일 현재 다음 각 호의 어느 하나에 해당하는 사람은 선거권이 없다.
   >   1. 금치산선고를 받은 자
   >   2. 1년 이상의 징역 또는 금고의 형의 선고를 받고 그 집행이 종료되지 아니하거나 그 집행을 받지 아니하기로 확정되지 아니한 사람. 다만, 그 형의 집행유예를 선고받고 유예기간 중에 있는 사람은 제외한다.
   >   3. 선거범, 「정치자금법」 제45조(정치자금부정수수죄) 및 제49조(선거비용관련 위반행위에 관한 벌칙)에 규정된 죄를 범한 자 또는 대통령·국회의원·지방의회의원·지방자치단체의 장으로서 그 재임중의 직무와 관련하여 「형법」(「특정범죄가중처벌 등에 관한 법률」 제2조에 의하여 가중처벌되는 경우를 포함한다.) 제129조(수뢰, 사전수뢰) 내지 제132조(알선수뢰)·「특정범죄가중처벌 등에 관한 법률」 제3조(알선수재)에 규정된 죄를 범한 자로서, 100만원이상의 벌금형의 선고를 받고 그 형이 확정된 후 5년 또는 형의 집행유예의 선고를 받고 그 형이 확정된 후 10년을 경과하지 아니하거나 징역형의 선고를 받고 그 집행을 받지 아니하기로 확정된 후 또는 그 형의 집행이 종료되거나 면제된 후 10년을 경과하지 아니한 자(刑이 失效된 者도 포함한다.)
   >   4. 법원의 판결 또는 다른 법률에 의하여 선거권이 정지 또는 상실된 자

   ① 금치산선고를 받은 자
   ② 1년 이상의 징역 또는 금고의 선고를 받고 집행이 종료되지 아니한 자(집행유예는 제외)
   ③ 선거범, 정치자금법, 뇌물 ┌ 100만원 이상 벌금형 확정 후 → 5년 경과 X
   　　　　　　　　　　　　└ 집행유예, 징역형 확정 후 → 10년 경과 X

④ 법원의 판결 또는 다른 법률에 의하여 선거권이 정지 또는 상실된 자

2. 피선거권(후보자)

(1) 적극적 요건

> ▶ 공직선거법 제16조(피선거권)
> ① 선거일 현재 5년 이상 국내에 거주하고 있는 40세 이상의 국민은 대통령의 피선거권이 있다. 이 경우 공무로 외국에 파견된 기간과 국내에 주소를 두고 일정기간 외국에 체류한 기간은 국내거주기간으로 본다.
> ② 18세 이상의 국민은 국회의원의 피선거권이 있다.
> ③ 선거일 현재 계속하여 60일 이상 해당 지방자치단체의 관할구역에 주민등록이 되어 있는 주민으로서 18세 이상의 국민은 그 지방의회의원 및 지방자치단체의 장의 피선거권이 있다.

① ┌ 대통령 - 40세 이상
  └ 국회의원, 지방자치선거 - 18세 이상
② 거주요건 ┌ 대통령선거, 지방자치선거 : 5년 이상/60일 이상
          └ 국회의원선거 : 거주요건 X

(2) ┌ 지방자치단체의 장 선거권 - 헌법상 권리
    └ 주민투표법 - 법률상 권리

2 선거구

1. 선거구획정위원회

    중앙선거관리위원회에 둔다.

2. 선거구획정

    ① 인구편차
    ┌ 국회의원선거 인구편차 - 상하 33%, 인구비례 2:1
    └ 자치구·시·군의원 선거, 시·도의회의원 선거 편차 - 상하 50%, 인구비례 3:1

3 후보자

1. 후보자추천

    정당이 비례대표국회의원선거 및 비례대표지방의원선거 <u>100분의 50</u> 이상 여성 추천
    매 홀수에는 여성 추천
    ┌ 선거일 전 90일까지 사퇴
    │   ┌ 대통령선거
    │ (예외) ├ 국회의원선거(현역의원)
    └ 사퇴 X ├ 지방의원(현역의원)
              └ 지방자치단체장(현 단체장)

- 선거일 전 30일 까지 사퇴
  - 비례대표
  - 보궐선거
  - 국회의원이 지방자치단체장 선거
  - 지방의원이 다른 지방자치단체
- 선거일 전 120일 까지 사퇴
  - 지방자치단체장 → 지역구국회의원 선거 입후보

2. 후보자등록과 기탁금
   ① 후보자등록
   - 대통령 예비후보자 100분의 20에 해당하는 6,000만원 → 공무담임권 침해 X
   - 비례대표국회의원선거 → 1명당 1,500만원 → 과다하다(정당활동의 자유 침해 O).
   ② 기탁금반환
   지역구국회의원선거에 있어 유효투표총수의 100분의 20 이상인 때에 해당하지 않으면 기탁금을 반환하지 아니하고 국고귀속 → 위헌 O

4 선거운동과 선거비용

1. 선거운동
   (1) 선거운동의 자유
   ① 언론·출판의 자유를 보장하고 있는 제21조에 의해 보호
   ② 한국철도공사의 ┌ 상근임원 - 선거운동 X
                    └ 상근직원 - 선거운동 O → 선거운동 막는 것은 위헌
   ③ ┌ 단체의 선거운동 가능,(but 단체이름으로 정치기금기부 X)
      └ 정당 - 후원회금지(위헌)
   ④ 탈법광고에 의한 광고의 배부를 금지하고 이를 위반 할 경우 처벌
      → 선거운동의 자유 내지 정치적 표현의 자유 침해 X

5 당선인

1. 대통령당선인의 결정·공고·통지

> ▶ 헌법 제67조
> ② 대통령후보선거에 있어서 <u>최고득표자가 2인 이상인 때에는</u> 국회의 재적의원 과반수가 출석한 공개회의에서 다수표를 얻은 자를 당선자로 한다.
> ③ <u>대통령후보자가 1인일 때에는</u> 그 득표수가 <u>선거권자 총수의 3분의 1</u> 이상이 아니면 대통령으로 당선될 수 없다.

> ▶ 공직선거법 제187조(대통령당선인의 결정·공고·통지)
> ① 대통령선거에 있어서는 중앙선거관리위원회가 유효투표의 다수를 얻은 자를 당선인으로 결정하고, 이를 국회의장에게 통지하여야 한다. 다만, 후보자가 1인인 때에는 그 득표수가 선거권자총수의 3분의 1 이상에 달하여야 당선인으로 결정한다.
> ② 최고득표자가 2인 이상인 때에는 중앙선거관리위원회의 통지에 의하여 국회는 재적의원 과반수가 출석한 공개회의에서 다수표를 얻은 자를 당선인으로 결정한다.

2. 지역구국회의원당선인의 결정·공고·통지

> ▶ 공직선거법 제188조(지역구국회의원당선인의 결정·공고·통지)
> ① 지역구국회의원선거에 있어서는 선거구선거관리위원회가 당해 국회의원지역구에서 유효투표의 다수를 얻은 자를 당선인으로 결정한다. 다만, 최고득표자가 2인 이상인 때에는 연장자를 당선인으로 결정한다.

6 선거소송

1. 선거소송

> ▶ 공직선거법 제224조(선거무효의 판결 등)
> 소청이나 소장을 접수한 선거관리위원회 또는 대법원이나 고등법원은 선거쟁송에 있어 선거에 관한 규정에 위반된 사실이 있는 때라도 선거의 결과에 영향을 미쳤다고 인정하는 때에 한하여 선거의 전부나 일부의 무효 또는 당선의 무효를 결정하거나 판결한다.

2. 당선소송

> ▶ 공직선거법 제223조(당선소송)
> … 대통령선거에 있어서는 그 당선인을 결정한 중앙선거관리위원회위원장 또는 국회의장을, 국회의원선거에 있어서는 당해 선거구선거관리위원회위원장을 각각 피고로 하여 대법원에 소를 제기할 수 있다.

· 피고적격
　　┌ 대통령선거 - 중앙선거관리위원회위원장, 국회의장
　　└ 국회의원선거 - 당해 선거구관리위원위원장

7 보궐선거

> ▶ 공직선거법 제201조(보궐선거 등에 관한 특례)
> ① 보궐선거 등(대통령선거·비례대표국회의원선거 및 비례대표지방의회의원선거를 제외한다.)은 그 선거일부터 임기만료일까지의 기간이 1년 미만이거나, 지방의회의 의원정수의 4분의 1 이상이 궐원(임기만료일까지의 기간이 1년 이상인 때에 재선거·연기된 선거 또는 재투표사유로 인한 경우를 제외한다.)되지 아니한 경우에는 실시하지 아니할 수 있다. 이 경우 지방의회의 의원정수의 4분의 1 이상이 궐원되어 보궐선거 등을 실시하는 때에는 그 궐원된 의원 전원에 대하여 실시하여야 한다.

① 여론조사의 주요사항을 사전에 관할선거관리위원회에 신고하도록 한 공직선거법 조항
  → 언론·출판의 자유와 평등권 침해 X
② 비례대표지방의회의원의 의석승계 제한사유
  → 차순위 후보자의 공무담임권 침해 O
③ 임기만료 전 180일 이내에 비례대표 국회의원에 결원 생길시 정당의 비례대표국회의원 후보자 명부에 의한 의석승계 허용 X
  → 민주주의원리에 부합 X
  → 120일 일로 개정됨

> **기출 OX**
> 지역구 국회의원에 궐원이 생긴 경우에도 보궐선거일로부터 임기만료일까지의 기간이 1년 미만인 경우에는 보궐선거를 실시하지 않을 수 있다. 20. 국회직 9급 O X
> 정답 O

④ 재정신청대상범죄에 공직선거법 제243조(투표함 등에 관한 조치)를 포함하지 않은 것
  → 침해 X

04 공무담임권과 직업공무원제도

▶ 헌법 제7조
① 공무원은 국민전체에 대한 봉사자이며, 국민에 대하여 책임을 진다.
② 공무원의 신분과 정치적 중립성은 법률이 정하는 바에 의하여 보장된다.

1 공무담임권

1. 의미
  ① 국민이 국가나 지방자치단체기관의 구성원이 되어 공무를 담당할 수 있는 권리
  ② 공무담임에 관하여 능력과 적성에 따라 평등한 기회를 보장받는 것(기회보장적 성격)
    ※ 헌법의 개별조항에서 의미하는 공무원의 의미는 항상 같지는 않다(개별적으로 검토).

2. 구별
  ① 직업공무원과의 구별
    헌법질서에서는 <u>직업공무원제도</u>와 <u>그렇지 않은 공무원</u>의 구별이 중요하다.
                                    선거직·정무직
                                    └ 정부형태, 지방자치제도, 선거제도와 밀접한 관련

② 피선거권과의 구별

공무담임권은 선거직공무원을 비롯한 모든 국가기관의 공직에 취임할 수 있는 권리이고, 여러 가지 선거에 입후보해서 당선될 수 있는 피선거권을 포함한다.

③ 직업의 자유와의 관계

공무담임권은 특별기본권이다.

기출 OX

공무담임권과 직업의 자유가 경합하는 경우 특별기본권인 직업의 자유의 침해여부만 심사하면 된다.
17. 국회직 9급   O X

정답 ×

---

3. 공무원의 이중적 지위와 공무원의 기본권행사

   공무원의 신분과 지위의 특수성상 넓고 강한 기본권 제한이 가능하다.

   (1) 정치적 기본권

   ① 정당가입금지

   ② 선거에서의 정치적 중립의무 : 선거운동금지의 공무원은 모든 공무원(대통령도 O)

   (2) 노동3권

4. 내용

   (1) 국민전체의 봉사자 ─ 공익실현의무(직업공무원 + 정치적공무원도 적용)
                         └ 국회의원(제46조 제2항)
                            대통령(제69조)
                         ─ 직무전념의무
                         └ 헌법충실의무와 법령준수의무
                            └ 자유민주적 시장경제 원리를 부정해서는 X

   (2) 국민에 대하여 책임을 진다.
   ─ 공무는 국민으로부터 "위임된 권력"
   ─ 국가기관구성의 모든 단계에서 분명한 임명관계와 책임관계가 존재해야 한다.
   └ 민주적정당성의 원리에 의해서 대통령 ↔ 말단까지 민주적정당성과 책임추궁이 가능해야 한다.

   (3) 책임의 법적성격
   ─ 윤리적책임
   ─ 법적책임
   └ 담당하는 공무와 임용방법에 따라 다르다.

   (4) 공무원 → 최광의의 공무원
              └ 공무를 수행하는 모든 인적요원을 총칭

5. 공무원제도의 헌법적 의미

   (1) 자유민주주의 실현기능 → 공직의 민주적 정당성을 확보, 책임추궁

   (2) 가치다원주의 → 국민전체의 이익을 O

   (3) 기능적 권력통제

   정치적 공무원　　　　　　　　비정치적 공무원
   　　↓　　　　　　　　　　　　　↓
   민주적 정당성을 바탕　　┌ 헌법과 법률에 의해서 부여된 권한
   　　　　　　　　　　　　└ 헌법과 법률, 절차에 의해서 직무수행

   (4) 법치국가 원리의 구체화

   ① 공직을 법적으로 존재하게 하는 법률에 구속되어 그 권한을 행사
   　　　　↳ 법치국가 실현
   　∴ 임의로 창설하면 X ┌ 제7조 제2항 직업공무원제도
   　　　　　　　　　　　├ 행정각부 → 법률(제74조, 제96조)
   　　　　　　　　　　　└ 대통령 법률 → 공무원 임면(제78조)

   ② 법에 의한 구속은 완전 X
   　　↳ 공익도 제한적 → 결국 공무원이 결정

   (5) 공화주의 실현

   　공직자 세습 X

   (6) 국가작용의 안전성과 계속성

6. 판례

   (1) 보호영역

   ① 공무원 신분의 부당한 박탈이나 권한의 정지도 포함 O
   ② 승진기회 등 단순한 내부승진인사에 관한 문제 - 공무담임권 보호영역 X
   　　비교) ┌ 군복무기간이 승진소요 최저연수에 포함 X - 공무담임권 제한 O
   　　　　　└ 승진할 때에도 균등한 기회 제공을 요구(공무담임권 보호영역 O)
   ③ 특정장소에서 근무하는 것, 특정보직을 받아 근무하는 것 - 공무담임권 보호영역 X
   ④ 공무원의 퇴직급여 및 공무상 재해보상을 보장 - 공무담임권 보호영역 X

   ┌─ 기출 OX ─────────────────────────────
   │ 공무담임권은 공직취임의 기회균등을 요구하지만, 취임한 뒤 승진할 때에도 균등한 기회 제
   │ 공을 요구하지는 않는다. 19. 법원직 9급   [O | X]
   │   정답 X
   └─────────────────────────────────────

> **위헌판례**

① 검찰총장 퇴임 후 2년 이내에 모든 공직에의 임명을 금지 → 공무담임권 침해 O
  유사 判) 경찰청장으로 하여금 퇴직 후 2년 간 정당의 설립과 가입을 금지 → 정당의 자유 제한 O
② ┌ a. 사립대학 교원이 국회의원으로 당선된 경우 임기개시일 전까지 그 직을 사직
  │   → 공무담임권, 직업선택의 자유 모두 제한 O, 그러나 합헌(∵ 충실한 수업)
  └ b. 교원이 교육감선거일 90일까지 사퇴 → 공무담임권, 평등권 침해 X
              (∵ 교육의 정치화 막아야)
③ 재직 중 형의선고를 받아도 직무와 관련 없는 경우 → 퇴직급여제한(헌법불합치)
④ 지방자치단체의 장이 임기 중에 그 직을 사퇴하여 대통령선거·국회의원선거·지방의회의원선거 및 다른 지방자치단체 장 선거에 입후보할 수 없도록 하는 것 → 공무담임권 침해 O
⑤ 지방자치단체의 장으로 하여금 당해 지방자치단체의 관할구역과 같거나 겹치는 선거구역에서 실시되는 지역구 국회의원선거에 입후보하고자 하는 경우 당해 선거의 선거일 전 180일까지 그 직을 사퇴하도록 규정 → 공무담임권 침해 O
       ┌ 현재 120일(합헌)
       └ 과거 180일(위헌)
⑥ 공직자선발에 능력주의원칙에 대한 예외인정 가능하다.
⑦ 재직 중의 사유로 금고이상 형 선고 → 퇴직수당회수

> **합헌판례**

① 지역구국회의원선거 예비후보자의 선거비용을 보전대상에서 제외
② 공직선거 후보자로 등록하는 자가 제출하여야 하는 금고이상의 형의 범죄경력에 실효된 형까지 포함시키는 것
③ 국방부 등의 보조기관에 근무할 수 있는 기회를 현역군인에게만 부여하고 군무원에게는 부여하지 않는 것
④ 정당의 내부경선에 참가할 권리
⑤ 고용노동 및 직업상담 직류를 채용하는 경우 직업상담사 자격증 보유자에게 만점의 3% 또는 5%의 가산점을 부여하는 것
⑥ 채용 예정 분야의 해당 직급에 근무한 실적이 있는 군인을 전역한 날부터 3년 이내에 군무원으로 채용하는 경우 특별채용시험으로 채용할 수 있도록 하는 것

(2) 응시연령 제한
  ① 5급 공개채용시험의 응시연령 상한을 32세까지로 제한(위헌)
  ② 순경 공채시험 응시연령 30세 이하로 규정(위헌)
    비교) 경찰대학 입학연령 21세 미만으로 제한(합헌)
       부사관으로 최초로 임용되는 사람의 최고연령은 27세로 정한 것(합헌)
(3) 선고유예·집행유예
  ① 금고이상의 선고유예 → 당연퇴직(위헌), 자격정지 이상 선고유예 → 당연퇴직(위헌)
    비교) 수뢰죄를 범하여 선고유예 → 당연퇴직(합헌)
       선고유예 기간 중 → 임용결격사유(합헌)
  ② 금고이상 집행유예 → 당연퇴직(합헌)

2 공무원의 종류

임용자격과 신분
- ① 경력직 공무원 - 실적과 자격에 의하여 임명되고 + 신분보장 + 평생 or 경력직 공무원
- ② 특소경력직 공무원 - 경력직 외의 공무원(정무직, 별정직 공무원)

3 직업공무원제도

1. 의의
   국가 또는 지방 공공 단체의 사무를 맡김으로써 안정적·능률적인 정책집행을 보장하려는 제도
2. 인정이유
   주기적인 정권교체 → 국정중단을 막기 위해서
3. 직업공무원제도의 법적성격 <공법상 제도보장>
   - 최소한 보장
   - 법률로써 폐지 X, 본질적 내용침해금지

4. 핵심요소
   <u>신분이 보장되고 정치적 중립성이 요청되는 공무원</u>
   ↓
   전문적 지식을 전제로, 즉, 실적과 자격에 의하여 공직에 취임하고 이를 바탕으로 신분보장
   ↓
   능력주의 또는 실적주의가 바탕 ↔ 정치적공무원

5. 직업공무원의 본질적 내용 → 능력주의, 신분보장, 정치적 중립성
   (1) 신분보장
   ① 후임자의 임명으로 자동신분상실 → 위헌
   ② 공무원의 동의없이 전입, 전출 → 위헌
   ③ 형사사건으로 기소되면 ┬ 필요적 직위해제처분 → 위헌
                           └ 임의적 직위해제처분 → 합헌
   ④ 계급정년 → 합헌
   ⑤ 판사임용자격에 일정한 법조경력 요구 → 합헌
   ⑥ 품위손상행위를 공무원에 대한 징계사유로 규정 → 합헌
   ⑦ 검사로서의 체면이나 위신을 손상하는 행위를 하였을 때 징계사유로 삼는 것 → 합헌
   ⑧ 지방자치단체의 직제가 폐지된 경우 해당공무원을 직권면직 → 합헌
   ⑨ 임명권자의 후임자 임명이라는 처분에 의하여 그 직을 상실하게 하는 것 → 위헌
   ⑩ 공무원 정년제도 → 합헌
   ⑪ 공무원의 신분은 무제한 보장되는 것이 아님

   (2) 정치적중립성
   - 주기적인 정권교체
   - 공직사회의 정치화 초래 → 엽관제 금지

① 국회의원, 지방의원에게는 정치적 중립성 요구 X
　대통령에게는 정치적 중립성 요구 O
② 선거활동에 관하여 대통령의 정치활동의 자유와 선거중립의무가 충돌하는 경우에는 후자가 강조되고 우선되어야 한다.
③ 공무원에 대하여 국가 또는 지방자치단체의 정책에 대한 반대·방해 행위를 금지한 구 '국가공무원 복무규정'은 공무원의 정치적 자유를 침해하지 않는다.
④ 「공직선거법」은 선거에서 공무원의 중립의무를 구체화하고 있는데, 여기서의 공무원이란 원칙적으로 좁은 의미의 직업공무원을 포함한다.
⑤ 공직선거법 조항이 선거영역에서의 특별법으로서 일반법인 국가공무원법 조항에 우선하여 적용된다.

(3) 능력주의 → 규정 X

(4) 집단행위금지
① 공무원의 근로자로서의 지위
　공무원도 근로자적인 성격을 지지고 있다.
② 근로3권의 제한
　a. 사실상 노무에 종사하는 공무원에 대하여서만 근로3권을 보장하고 <u>그 이외의 공무원들에 대하여는 근로3권의 행사를 제한함으로써</u> 양자를 달리 취급하는 것은 헌법상 평등의 원칙에 위반되는 것이 아니다.
　b. 공무원노동조합의 <u>설립 최소단위를 '행정부'로 규정한 것</u>은 단결권 및 평등권을 침해 하지 않는다.
③ 집단행위금지
　a. 릴레이 1인 시위, 릴레이 언론기고, 릴레이 내부 전산망 게시는 여럿이 가담한 행위임을 표명하는 경우 또는 정부활동의 능률을 저해하기 위한 집단적 태업행위에 해당한다거나 이에 준할 정도로 행위의 집단성이 있다고 보기 어렵다
　b. 정부활동의 능률을 저해하기 위한 집단적 태업행위에 해당한다거나 이에 준할 정도로 행위의 집단성이 인정되어야 국가공무원법 제66조 제1항이 금지하는 집단행위에 해당한다.
　c. 모든 집단행위를 의미하는 것이 아니라 '공익에 반하는 목적을 위하여 직무전념의무를 해태하는 등의 영향을 가져오는 공무원 다수의 결집된 행위'를 말하는 것으로 한정 해석된다.
　d. 국가공무원법 제66조 제1항(집단행위의 금지) 규정 ┐ 명확성의 원칙에
　　국가공무원 제63조(품위유지의무) 규정　　　　　　┘ 반하지 않는다.
④ 기타 판례
　a. 국·공립학교 채용시험의 동점자처리에서 국가유공자 등 및 그 유족 가족에게 우선권을 주도록 하고 있는 국가유공자 등 예우 및 지원에 관한 법률(합헌)
　b. 공무원의 신분이나 직무상 의무와 관련 없는 범죄인지 여부 등과 관계없이 일률적·필요적으로 퇴직급여를 감액(위헌)

c. 공무원의 신분이나 직무와 관련이 없는 범죄의 경우에도 퇴직급여 등을 제한하는 것(위헌)
d. 당연무효인 임용결격자에 대한 임용행위에 의하여서는 공무원의 신분을 취득하거나 근로고용관계가 성립될 수 없는 것이므로 임용결격자가 공무원으로 임용되어 사실상 근무하여 왔다고 하더라도 그러한 피임용자는 위 법률소정의 퇴직금청구를 할 수 없다.

05 직접참정권

▶ 헌법 제72조
대통령은 필요하다고 인정할 때에는 외교·국방·통일 기타 국가안위에 관한 중요정책을 국민투표에 붙일 수 있다.

① 임의적 제도
　국민에게 투표회부요구권 X
② 투표대상
　┌ 자신의 신임을 결부시키는 대통령의 행위　┐
　└ 제72조상 국민투표부의권을 행사하여 헌법을 개정 ┘ 헌법적으로 허용 X

CHAPTER 06 청구권적 기본권

01 | 청원권

▶ 헌법

제26조
① 모든 국민은 법률이 정하는 바에 의하여 국가기관에 문서로 청원할 권리를 가진다.
② 국가는 청원에 대하여 심사할 의무를 진다.

제89조
다음 사항은 국무회의의 심의를 거쳐야 한다.
15. 정부에 제출 또는 회부된 정부의 정책에 관계되는 청원의 심사

1 주체 : 모든 국민 → 법인도 O

어원 : 라틴어 petitio에서 유래
"특정사항에 대한 요청"의 의미

옴브즈만과의 구별
└ 원래는 스웨덴 → 옴부즈만의 의미는 "국왕의 대리인"
　지금은 의회로부터 임명되어 업무상 독립성을 부여받은 외회의 신뢰인
　→ 국민의 호소를 받아 조사하여 국민의 권리를 보호해 주는 자
└ 우리나라의 경우 "국민고충처리위원회"

2 청원사항

① 청원사항 ┬ 피해의 구제
　　　　　├ 공무원의 위법·부당한 행위에 대한 시정이나 징계의 요구
　　　　　├ 법률·명령·조례·규칙 등의 제정·개정 또는 폐지
　　　　　├ 공공의 제도 또는 시설의 운영
　　　　　└ 그 밖에 청원기관의 권한에 속하는 사항

② 청원처리의 예외 ┬ 국가기밀 또는 공무상 비밀에 관한 사항
　　　　　　　　├ 감사·수사·재판·행정심판·조정·중재 등 다른 법령에 의한 조사·불복 또는 구제절차가 진행 중인 사항
　　　　　　　　├ 허위의 사실로 타인으로 하여금 형사처분 또는 징계처분을 받게 하는 사항
　　　　　　　　├ 허위의 사실로 국가기관 등의 명예를 실추시키는 사항
　　　　　　　　├ 사인간의 권리관계 또는 개인의 사생활에 관한 사항
　　　　　　　　└ 청원인의 성명, 주소 등이 불분명하거나 청원내용이 불명확한 사항

3 청원방법
① 반드시 문서로 청원(전자문서도 가능)
② 국회에 청원 → 의원의 소개를 받아 or 국민의 동의(국민동의 청원)
지방의회에 청원 → 지방의회의원의 소개를 받아

4 반복청원 및 이중청원
① 동일인이 같은 내용의 청원서를 같은 청원기관에 2건 이상 제출
나중에 제출된 청원서를 반려하거나 종결처리할 수 있고, 종결처리하는 경우 청원인에게 통지
② 동일인이 같은 내용의 청원서를 2개 이상의 청원기관에 제출
소관 청원기관의 장에게 이송

5 청원의 심사
국무회의 심의사항(필요적 심의사항)

6 통지
청원을 접수한 때 90일 이내 처리결과를 청원인에게 통지

7 판례
① 결과통지의무 O, 이유설명의무 X
→ 청원권의 보호범위에는 청원사항의 처리결과에 심판서나 재결서에 준하여 이유를 명시할 것까지를 요구하는 것은 포함되지 않는다.
② 제3자를 통한 청원 O
③ ┌ 지방의회에 청원할 때 지방의회 의원의 소개를 얻도록 한 것(합헌)
   └ 국회에 청원할 때 국회의원의 소개를 얻도록 한 것(합헌)
④ 국회법 상의 청원은 일반의안과 같이 소관위원회의 심사를 거쳐야 하며 심사절차도 일반의안과 동일한 절차를 밟는다.

02 재판청구권

> ▶ 제27조
> ① 모든 국민은 헌법과 법률이 정한 법관에 의하여 법률에 의한 재판을 받을 권리를 가진다.
> ② 군인 또는 군무원이 아닌 국민은 대한민국의 영역안에서는 중대한 군사상 기밀·초병·초소·유독음식물공급·포로·군용물에 관한 죄중 법률이 정한 경우와 비상계엄이 선포된 경우를 제외하고는 군사법원의 재판을 받지 아니한다.

③ 모든 국민은 신속한 재판을 받을 권리를 가진다. 형사피고인은 상당한 이유가 없는 한 지체없이 공개재판을 받을 권리를 가진다.
④ 형사피고인은 유죄의 판결이 확정될 때까지는 무죄로 추정된다.
⑤ 형사피해자는 법률이 정하는 바에 의하여 당해 사건의 재판절차에서 진술할 수 있다.

1 의의와 법적성격

재판은 크게 이분 ┬ 일반적인 민·형사사건을 중심으로 법적분쟁에 대한 재판
        └ 헌법소원을 중심으로 한 헌법재판

① 헌법과 법률이 정한 법관 + 법률에 의한 + 신속·공개·공정한 재판을 받을 권리
② 성격
┬ 청구권적 기본권
├ 자의적인 법의 지배를 막기 위해서 인정
└ (判) 적극적 + 소극적 면 있음
③ 판례
 신속한 재판을 받을 권리의 실현을 위한 방법은 헌법규정으로부터 곧바로 도출 X
 (입법형성 필요로 함)

2 헌법과 법률이 정한 법관

① ┬ 물적독립 → 직무상독립 → 제103조 → 양심에 따라 독립하여 재판 O
 └ 인적독립 → 신분상독립 → 제106조 → 탄핵 X
② 개별사건 담당할 법관이 법규범에 의하여 사전에 정해져야 한다는 것을 의미하며 외부세력 등에 의하여 임의로 법원이 구성되는 것은 지양해야 한다.
③ 배심제·참심제 : 권고적 효력이므로 침해 X
④ 행정심판 ┬ a. 필요적전심(사법절차 준용 안하면 위헌)
     ├ b. 임의적전심(사법절차 준용 안해도 합헌)
     ├ 행정심판은 정식재판의 길이 열려있으므로 위헌 X
     └ 교원에 대한 징계는 재심청구를 거쳐야 행정소송 → 합헌
⑤ 통고처분
 조건부 형사소추면제 → 승복이 조건 ┐
           정식재판가능 ┘ 침해 X
⑥ 형사보상
 결정 ┬ 보상결정 → 불복 X → 보상결정에 대하여 불복신청 못하게 하는 것은 형사보상권 및 재판청구권을 침해한다.
   └ 기각결정 → 불복 O

⑦ 소송비용사건
   법관이 아닌 사법보좌관이 소송비용액확정재판 하는 것 → 재판청구권 침해 X
⑧ 군사법원
   심판관을 일반장교로 임명 → 재판청구권 침해 X
⑨ 국민참여재판
   국민참여재판을 받을 권리 → 재판을 받을 권리의 보호법익 X
   단독판사 관할사건으로 재판받는 피고인과 합의부 관할사건으로 재판받는 피고인을 다르게 취급(합헌)

3 "법률"에 의한 재판
   └ 합헌적인 법률

4 재판을 받을 권리

1. 적극적 의미
   소극적 의미

2. 사실확정과 법률해석
   └ 법적분쟁시 독립된 법원에 의하여 사실관계 + 법률관계
       → 한 차례의 심리검토의 기회를 제공받을 권리

   판례
   ① 특허쟁송에 있어서 특허청의 심판과 항고심판을 거쳐 곧바로 법률심인 대법원의 재판을 받게 하는 것은(위헌)
   ② 법무부징계위원회의 결정에 대하여 불복이 있는 경우 그 결정이 법령위반을 이유로 한 경우에만 대법원에 즉시항고를 허용하는 변호사법 조항(위헌)
   ③ '민주화운동 관련자 명예회복 및 보상 심의 위원회'의 보상금 등 지급결정에 동의한 때 재판상 화해의 성립을 간주(합헌)

3. 심급제도
   ① ┌ 제102조 제2항이 문제 → 대법원과 각급법원으로 구성
      └ 헌재는 한번의 사실심·법률심 인정 → 모든 사건에 심급의 이익인정 못함
   ② 상고심재판을 받을 권리
      ┌ 상고이유로 삼는 상고제한 - 합헌
      ├ 모든 사건에 대해 상고, 대법원의 심판 받을 권리 X
      ├ 상고심리불속행제도 ┌ 합헌
      │   └ 이유 안 붙이는 것도 합헌
      └ 소액심판사건 상고제한 → 합헌
   ③ 특별항고 → 사유제한 → 입법정책의 문제
   ④ 단심재판 : 제110조 제4항

4. 재심
- 입법정책의 문제 O
- 재심을 청구할 권리가 재판을 받을 권리에 당연히 포함된다고 볼 수 없다.

5. 헌법재판

6. 판례

(1) 재판청구권을 침해하는 경우
① 수형자와 변호사와의 접견내용에 대한 녹음, 기록행위
→ (but 변호인의 조력을 받을 권리 침해는 X)
② 군사법경찰관의 수사기관의 구속기간 연장허용
③ 즉시항고의 제기기간 3일로 제한
④ 대한변호사협회징계위원회에서 징계를 받은 변호사는 법무부변호사징계위원회에서의 이의절차를 밟은 후 곧바로 대법원에 즉시항고하도록 하고 있는 변호사법
⑤ 항소법원에의 기록송부시 검사를 거치도록 한 것
⑥ 수형자 여비 불납시 출정제한
⑦ DNA 감식시료 채취영장발부에 불복절차를 두지 않은 것
⑧ 변호사와 접견시 접촉차단시설이 설치된 장소에서 접견하게 하는 것

(2) 재판청구권을 침해하지 않는 경우
① 청소년유해물결정을 청소년보호위원회가 하는 것
② 원고가 담보를 제공하지 않을 경우 변론없이 판결로 소를 각하
③ 특수임무자 보상금 등의 지급결정에 동의한 경우 재판상화해가 성립된 것으로 간주
  비교 1) "국가배상법 제16조" 심의회의 배상결정은 신청인이 동의한 때 재판상화해가 성립된 것으로 간주하는 국가배상법(위헌, 재판청구권 침해 O)
  비교 2) 세월호 배상금 지급받을 시 ─ 화해간주 - 재판청구권 침해 X
                                    └ 이의제기 X - 일반적행동자유권 침해 O
④ 공판조서의 증명력을 규정한 형사소송법 제56조
⑤ 치료감호청구권자를 검사로 한정
⑥ 무죄판결이 확정된 피고인에게 국선변호인의 보수에 준하여 변호사보수를 주도록 규정
⑦ 변호사보수를 소송비용에 산입하여 패소한 당사자 부담으로 한 것
⑧ 취소소송의 제소기간을 처분 등이 있음을 안 날로부터 90일 이내로 규정
⑨ 재정신청의 신속한 절차를 위해 구두변론의 실시여부를 법관의 재량으로 한 것
⑩ 정식재판청구기간을 약식명령의 고지를 받은 날로부터 7일 이내로 규정
⑪ 대법원이 법관에 대한 징계처분 취소청구소송을 단심으로 재판하는 경우
⑫ 가집행선고부 판결에 대한 집행정지의 재판에 불복을 신청할 수 없도록 한 경우

5 공정한 재판을 받을 권리

① 명문규정 X
② 공정한 재판을 받을 권리 속에는 당사자주의와 구두변론주의가 보장되어 당사자가 공소사실에 대한 답변과 입증 및 반증을 하는 등 공격·방어권이 충분히 보장되는 재판을 받을 권리가 포함되어 있다.
③ 공정한 재판을 받을 권리'에는 '공정한 헌법재판을 받을 권리'도 포함된다.
④ 공정한 재판을 받을 권리에는 외국에 나가 증거를 수집할 권리는 포함되지 않는다.
⑤ 획일적인 궐석재판의 허용이나, 미결수용자가 수감되어 있는 동안 수사 또는 재판을 받을 때에도 사복을 입지 못하게 하고 재소자용 의류를 입게 하는 것, 검사가 증인으로 수감된 자를 매일 소환하는 것 → 공정한 재판을 받을 권리 침해 O
⑥ 수형자와 소송대리인인 변호사의 접견을 일반 접견에 포함시켜 시간은 30분 이내로, 횟수는 월 4회로 제한 → 공정한 재판을 받을 권리 침해 O
⑦ 변호인이 있는 때에 피고인에게 따로 공판조서 열람청구를 인정하지 않는 것
　→ 공정한 재판을 받을 권리 침해 X
⑧ 특별검사가 공소제기한 사건의 재판기간과 상소절차 진행기간을 일반사건보다 단축하는 것 → 공정한 재판을 받을 권리 침해 X
⑨ 피고인을 일시 퇴정시키고 증인신문 → 공정한 재판을 받을 권리 침해 X
⑩ 차폐시설 설치하고 증인신문 → 공정한 재판을 받을 권리 침해 X
⑪ 상속재산분할사건의 비송사건화 → 공정한 재판을 받을 권리 침해 X
⑫ 소송의 지연을 목적으로 함이 명백한 경우에 신청을 받은 법원 또는 법관이 이를 기각할 수 있도록 규정 → 공정한 재판을 받을 권리 침해 X
⑬ 기피신청에 대한 재판을, 그 신청을 받은 법관의 소속 법원 합의부에서 하도록 한 「민사소송법」 조항 → 공정한 재판을 받을 권리 침해 X

6 군사법원의 재판을 받지 않을 권리

┌ 제110조 제1항 → 특별법원
│　　　　　　　　└ 예외법원 O
│　　　　　　　　└ 특수법원
└ 문제점 : 심판관, 관할관 "판결확인조치"

(判) a. 군용물 → 군사시설에 안 들어감
　　 b. 입대 전 범죄에 대해 군사법원의 재판권을 규정(합헌)

7 신속한 공개재판을 받을 권리 : 집행의 신속성도 중요

8 재판절차진술권
   ① 교통사고로 사망한 사람의 부모는 보호법익인 생명의 주체는 아니지만 형사피해자의 범주에 속한다.
   ② 업무상과실 또는 중대한과실로 인한 교통사고로 중상해를 입힌 경우 공소제기 X
      → 재판절차진술권, 평등권 침해 O

9 제한과 한계
   1. 헌법제한
      ① 국회의 자율권(제64조 제4항)
      ② 군인, 군무원 군사재판
      ③ 국가긴급사태, 비상계엄(제7조 제2항)

   2. 법률에 의한 제한
      ① 소송비용 → 입법정책 → 과도하면 재판청구권 침해
      ② 변호사강제주의 ← 헌법소원 → 합헌
      ③ 제소기간제한 → 즉시항고 규정
      ④ 법관 양형결정권 제한 → 입법형성권 내

03 | 형사보상청구권

▶ 제28조
형사피의자 또는 형사피고인으로서 구금되었던 자가 법률이 정하는 불기소처분을 받거나 무죄판결을 받은 때에는 법률이 정하는 바에 의하여 국가에 정당한 보상을 청구할 수 있다.

1 연혁
형사피고인 - 제헌헌법부터
형사피의자 - 9차 때 도입

2 무과실책임
공무원의 고의·과실을 묻지 않는다.

3 주체
   ① 피의자 또는 피고인
   ② 사망시 상속인

③ 외국인도 주체가 된다
④ 대리도 가능

4 손해배상과의 관계

형사보상제도에 따라 형사보상금을 수령한 피고인은 다시 국가배상법 에 의한 손해배상을 청구할 수 있다.

5 기간

무죄재판이 확정된 사실을 안날로부터 3년
무죄재판이 확정된 날로부터 5년

6 불복

형사보상 결정에 대하여는 불복을 신청할 수 없도록 한 것 → 위헌

7 배상범위

① 형사보상금을 일정한 범위 내로 한정하고 있는 형사보상법 조항 → 합헌 → (모든 손해보상 X)
② 재산권에서의 정당한 보상 ≠ 형사보상에서의 정당한 보상
　　　　　　 = 완전보상　　　　　　　　 = 금액에 대한 제한 O

> **보충**
> 보상 : 적법한 행위　　　　　　　배상 : 위법한 행위

04 국가배상청구권

> ▶ 제29조
> ① 공무원의 직무상 불법행위로 손해를 받은 국민은 법률이 정하는 바에 의하여 국가 또는 공공단체에 정당한 배상을 청구할 수 있다. 이 경우 공무원 자신의 책임은 면제되지 아니한다.
> ② 군인·군무원·경찰공무원 기타 법률이 정하는 자가 전투·훈련등 직무집행과 관련하여 받은 손해에 대하여는 법률이 정하는 보상외에 국가 또는 공공단체에 공무원의 직무상 불법행위로 인한 배상은 청구할 수 없다.

1 연혁

국가무과실책임에서 → 국가책임설로 변화

2 요건

① 공무원의 ② 직무상 불법행위로 ③ 손해를 받은 ④ 국민은 법률이 정하는 바 ~

① 널리 공무를 위탁받아 실질적으로 공무에 종사하는 모든 자 O(의용소방대원은 X)
② ┌ 직무상의 행위 ┌ 권력작용 O
　　│　　　　　　 ├ 관리작용 O
　　│　　　　　　 └ 사경제작용(국고작용) 적용 X
　　└ 직무관련성 ┌ 실질설
　　　　　　　　 └ 외형설 O – 외형이론, 주관적 의사 X
③ 불법행위 : 고의, 과실 + 법령에 위반한 행위 → 무과실책임 인정안한 것(침해 X)
④ 손해발생 : 재산적손해 + 정신적손해
⑤ 인과관계 O
⑥ 국민 – 누구나 O, 외국인은 상호주의
　　　국가 또는 공공단체
　　　　　　　　└ 지방자치단체 → but 국가배상법은 지방자치단체만 규정
　　　　　　　공공조합
　　　　　　　영조물·법인 ┤ 나머지는 민법으로 처리
　　　　　　　공법상 재단

3 절차

① 임의적 행정절차(국가배상법 제9조)
② 배상심의회

4 배상책임의 본질 및 배상책임자

1. 본질

┌ 대위책임설 → 선택청구가능
├ 자기책임설 → 선택청구불가
└ 절충설 - 경과실 : 자기책임설
　　　　　　중과실 : 대위책임설

2. 배상책임자

① 국가책임과 공무원책임 - 선택청구 → 중과실 O → 구상권 O
　　　　　　　　　　　　　선택청구 X → 경과실 O
② 선임감독자와 비용부담자가 다른 경우 : 비용부담자에게도 청구가능

5 배상의 범위 : 정당한 배상

6 소멸시효 적용

7 제한
- 군인·군무원 제한
- 제37조 제2항에 의한 제한

8 이중배상금지

이중배상이 금지되는 자	이중배상이 금지되지 않는 자
전투경찰순경 향토예비군대원	경비교도대원 공익근무요원 숙직실에서 연탄가스로 사망한 경찰관 훈련 후 경찰서 복귀과정에서 사망한 전투경찰대원

① a. 헌법규정자체는 위헌대상 X
　 b. 개별적 헌법규정 상호간에 효력상의 차등을 인정할 수 없다.
② 일반국민이 국가에 대하여 구상권 행사가능한가?
- 헌법재판소 - 가능하다(구상권 허용하지 않는다면 재산권 침해 O).
- 대법원 - 가능하지 않다(부진정연대채무의 예외로서 자신의 부담부분만 책임진다).
　※ 헌법재판소와 대법원이 결론을 달리한다.
③ 세월호 배상금 지급받을 시　화해간주 - 재판청구권 침해 X
　　　　　　　　　　　　　　이의제기 X - 일반적행동자유권 침해 O
④ "국가배상법 제16조" 심의회의 배상결정은 신청인이 동의한 때 재판상화해가 성립된 것으로 간주(위헌)
⑤ 5·18 민주화 ┬ 화해간주 - 재판청구권 침해 X
　　　　　　　└ 정신적손해배상 반영 X - 국가배상청구권 침해

05 범죄피해자구조청구권

> ▶ 제30조
> 타인의 범죄행위로 인하여 생명·신체에 대한 피해를 받은 국민은 법률이 정하는 바에 의하여 국가로부터 구조를 받을 수 있다.

1 의의
① 대한민국 영역 안 또는 대한민국의 영역 밖에 있는 대한민국 선박 또는 항공기 안에서
② 사람의 생명 또는 신체를 해하는 범죄행위로 인하여
③ 사망한 자의 유족이나 장해 또는 중상해를 입은 자가 청구할 수 있는 권리

2 주체
대한민국 주권이 미치는 영역에서 발생한 범죄로 인한 피해자

3 성립요건
① 범죄피해 ─ 타인의 범죄행위
　　　　　　├ 생명·신체에 대한 피해발생(재산상 피해 X)
　　　　　　└ 과실로 인한 피해 X

② 적극적 요건 - 구조피해자가 피해의 전부 또는 일부를 배상받지 못한 경우

③ 소극적 요건 - 구조피해자와 가해자 사이가 아래의 어느하나에 해당하는 경우 구조금 지급 X
　　　　　　　├ 부부(사실상 혼인관계 포함)
　　　　　　　├ 직계혈족
　　　　　　　├ 4촌 이내의 친족
　　　　　　　└ 동거친족

4 소멸시효
① 범죄피해를 안날로부터 3년, 발생한 날로부터 10년
② 구조금을 받을 권리는 그 구조결정이 해당 신청인에게 송달된 날부터 2년간 행사하지 아니하면 시효로 인하여 소멸된다.

5 외국인
국가의 상호보증이 있는 경우에 범죄피해자구조권 행사 O

CHAPTER 07 사회권적 기본권

01 사회권적 기본권의 일반이론

1 의의

국민이 일정한 국가적 급부 + 배려를 요구할 수 있는 권리

사회국가 ─ 사회현상에 방관적인 국가가 아니라
  ↕   ─ 정의로운 사회질서의 형성을 위하여 사회현상에 관여, 간섭, 분배하고 조정하는 국가
복지국가 ─ 궁극적으로는 "자유의 실질적 조건을 마련해 줄 의무가 있는 국가"

2 법적성격

┌ 프로그램규정 - 정치적 의무에 불과함
└ 헌법상 권리 ┬ 구체적 권리 → 최소한의 물질적 생활에 필요한 급부를 요구
             └ 추상적 권리 → 법률로 만들면 근거 O

(判) 최소한 물질적 생활 → 구체적권리
     그 이상은 → 추상적권리

02 인간다운 생활을 할 권리

> ▶ 제34조
> ① 모든 국민은 인간다운 생활을 할 권리를 가진다.

1 성격

일반조항 또는 총칙적 성격

2 의미

① 자유와 평등 싸움의 결말(2차 대전)
   └ 조화와 균형의 당위성 인정
② 사회적 위험에 대한 ┬ 국가개입의 정당화
                    └ 사회보장영역에서 국가의 기본권보호의무를 헌법적 확인

3 구체적 권리인가?

최소한의 물질적 생활에 필요한 급부를 요구할 수 있는 구체적 권리가 직접도출 O
but, 그 이상의 급부를 내용으로 하는 구체적 권리 X, → 법률을 통해 구체화 해야 함

4 폭넓은 입법재량

5 내용

인간다운 생활의 보장 ┬ ① 물질적인 최저생활
　　　　　　　　　　└ ② 건강하고 문화적인 생활

6 판례

1. 인간다운 생활을 할 권리 침해 X
   ① 미결수용자에 대하여 국민건강보험급여 정지
   ② 도시환경정비사업으로 철거되는 주택의 소유자를 위하여 임시수용시설 설치하도록 규정하지 않는 것
   ③ 퇴직연금일시금을 지급받은 사람 및 그 배우자를 기초연금수급권자의 범위에서 제외
   ④ 「국가유공자 등 예우 및 지원에 관한 법률」이 보상받을 권리의 발생시기를 국가보훈처장에게 등록신청을 한 날이 속하는 달부터 발생하도록 한 것
   ⑤ 일정 범위의 사업을 산업재해보상보험법의 적용 대상에서 제외하면서 그 적용제외사업을 대통령령으로 정하도록 규정한 산업재해보상보험법 조항
   ⑥ 산업재해보상보험법 소정의 유족의 범위에 '직계혈족의 배우자'를 포함시키고 있지 않은 것
   ⑦ 의료급여수급자와 건강보험가입자는 동일한 비교집단 X

03 | 사회보장수급법

▶ 제34조
② 국가는 사회보장·사회복지의 증진에 노력할 의무를 진다.
③ 국가는 여자의 복지와 권익의 향상을 위하여 노력하여야 한다.
④ 국가는 노인과 청소년의 복지향상을 위한 정책을 실시할 의무를 진다.
⑤ 신체장애자 및 질병·노령 기타의 사유로 생활능력이 없는 국민은 법률이 정하는 바에 의하여 국가의 보호를 받는다.
⑥ 국가는 재해를 예방하고 그 위험으로부터 국민을 보호하기 위하여 노력하여야 한다.

> ▶ 사회보장기본법
> 제3조(정의) 이 법에서 사용하는 용어의 뜻은 다음과 같다.
> 1. "사회보장"이란 출산, 양육, 실업, 노령, 장애, 질병, 빈곤 및 사망 등의 사회적 위험으로부터 모든 국민을 보호하고 국민 삶의 질을 향상시키는 데 필요한 소득·서비스를 보장하는 사회보험, 공공부조, 사회서비스를 말한다.

제32조 제2항 : 국가목적조항
   제3항 ~ 제6항 : 지침

1 법적성격

① 원칙 : 추상적 권리
② 헌법상 사회보장권은 법률에 규정됨으로써 비로소 구체적인 법적권리로 형성된다.

2 건강보험

1. ┌ 보험의 원칙(등가성의 원칙) → 사회보험은 개별등가원칙 적용 X
 └ 사회연대의 연칙 - ① 사회국가의 원리에서 나옴
       ② 재정조정을 가능하게 함

> 기출 OX
> 사회연대의 원칙은 사회보험체계 내에서의 소득의 재분배를 정당화하는 근거이며, 사회보험에의 강제가입의무를 정당화하고 재정구조가 취약한 보험자와 재정구조가 건전한 보험자 사이의 재정조정을 가능하게 한다. 19. 국회직 5급 　　O X
> 　　　　　　　　　　　　　　　　　　　　　　　　　　　　　　　정답 O

2. 저소득층 지역가입자를 대상으로 소득수준에 따라 보험료를 차등지원 → 평등권침해 X

3 산재보험

① 근로자가 사업주의 지배관리 아래 출퇴근하던 중 발생한 사고로 부상 등이 발생한 경우에만 업무상 재해로 인정 → 평등권 침해 O
②「산업재해보상보험법」에서 업무상 질병으로 인한 업무상재해에 있어 업무와 재해 사이의 상당인과관계에 대한 입증책임을 이를 주장하는 근로자나 그 유족에게 부담시키는 것 → 합헌
③ 산재보험을 어떠한 범위와 방법으로 시행할지는 입법자의 재량영역

4 고용보험

'65세 이후 고용' 여부를 기준으로 실업급여 적용여부를 달리한 것 → 평등권 침해 X

5 사회부조제도

국가가 장애인의 복지를 향상해야 할 의무가 있다고 하여, '장애인을 위한 저상버스의 도입'과 같은 구체적인 국가의 행위의무를 도출할 수는 없다.

6 공무원연금

① 공무원연금법상 각종급여는 사회보장적 급여로서의 성격이 강함
② 공무원연금법상 퇴직연금의 수급자가 학교기관으로부터 보수 기타 급여를 지급받고 있는 경우 퇴직연금의 지급을 정지 → 합헌
③ 선출직 지방자치단체의 장을 위한 별도의 퇴직급여제도를 마련하지 않은 것 → 합헌

7 국민연금

수급권자에게 2 이상의 급여의 수급권이 발생한 때 그 자의 선택에 의하여 그 중의 하나만을 지급하고 다른 급여의 지급을 정지하도록 하는 것 → 합헌

8 관련판례

① 70세 이상자에게 참전명예수당을 지급하도록 한 것 → 합헌
② 공무원의 직무와 관련이 없는 범죄라 할지라도 고의범의 경우에는 퇴직급여의 감액사유에서 제외하지 아니한 것 → 합헌
③ 교도소·구치소에 수용 중인 자는 기초생활보장제도의 보장단위인 개별가구에서 제외키로 한 것 → 합헌
④ 여러 종류의 수급권이 발생한 경우 반드시 중복하여 지급할 것은 아니다.
⑤ 모든 국민은 인간다운 생활을 할 권리를 가지며 국가는 생활능력 없는 국민을 보호할 의무가 있다는 헌법의 규정은 <u>모든 국가기관을 기속하지만</u>, 그 기속의 의미는 적극적·형성적 활동을 하는 <u>입법부 또는 행정부의 경우와 헌법재판에 의한 사법적 통제기능을 하는 헌법재판소에 있어서 동일하지 아니하다.</u>

- 입법부·행정부 – 행위규범
- 헌법재판소 – 통제규범

04 | 교육을 받을 권리

▶ 제31조
① 모든 국민은 능력에 따라 균등하게 교육을 받을 권리를 가진다.

1 교육을 받을 권리

1. 의의

① 교육을 받을 수 있도록 적극적인 배려를 요구할 수 있는 권리
∵ 인간다운 생활의 필수조건 + <u>민주정치에 도움</u>
어느정도 식견이 있는 개인의 존재가 전제되어야 한다.

② 교육기회의 균등한 보장을 요구할 수 있는 권리
  제1항 → 제2항 ~ 제6항
        효율적인 보장을 위한 규정

2. 법적성격 : 자유권 + 사회권

3. 내용
   ┌ 능력 : "일신에 전속한 능력"
   │   ┌ 능력 있는 자만 교육을 받을 권리가 있다는 의미는 X
   │   └ 능력에 상응한 교육 → 예 장애인 등
   ├ 균등하게 ┌ 자유권 : 불합리한 차별을 받지 않을 권리
   │   └ 사회권 : 경제적 약자가 실질적 교육을 받게끔 정책적 배려
   └ 교육 : 주로 학교교육 + 사회교육

   ┌ 기출 OX ─────────────────────────────────────
   │ 교육을 받을 권리를 규정한 헌법 제31조 제1항은 헌법 제10조의 행복추구권에 대한 특별규정으로서,
   │ 교육의 영역에서 능력주의를 실현하고자 하는 것이다. 19. 국회직 8급   O X
   │   정답 X
   └───

   ① 일정한 기준에 미달하는 자에 대하여 입학을 불허하는 것(합헌)
   ② 새로운 편입학 자체를 하지 말도록 요구하는 것은 교육을 받을 권리의 내용으로는 포섭할 수 없다.
   ③ 교육의 기회균등권은 특히 경제적 약자가 실질적인 평등교육을 받을 수 있도록 적극적 정책을 실현해야 한다는 것을 의미한다.
   ④ 교육비를 청구할 권리가 도출되는 것은 아니다.
   ⑤ 만 6세가 되기 전에 앞당겨서 입학을 허용하지 않는다고 해서 균등하게 교육을 받을 권리를 본질적으로 침해한 것으로 볼 수 없다.
   ⑥ EBS 교재연계 ┌ 교육을 받을 권리 제한 X
                  └ 자유로운 인격발현권 제한 O
   ⑦ 검정고시   ┌ 수시모집 제한(위헌)
     (교육을 받을 ├ 검정고시 합격했던 자는 검정고시 재응시 못하게 한 것(위헌)
      권리판단)   └ 퇴학된 날로부터 6월이 지나지 아니한 자를 검정고시를 받을 수 있는 자의 범위에서 제외하는 것은(합헌)

4. 학교교육에서 교사의 가르치는 권리(수업권)
   (1) 성격
       ① 기본권성은 애매
       ② 부모 + 국가로부터 위임
       ③ 수학권에 의해 제한받음

(2) 수업의 자유와 수업권의 구별
　　↳ 학문의 자유가 근거
　　↳ 학문연구 결과에 대한 발표의 자유(수업의 자유로 본다.)
　　수업의 자유 ┬ 교수의 자유
　　　　　　　 └ 수업권 → 학교
(3) 특정한 교육제도나 시설의 제공을 요구할 수 있는 권리를 뜻하는 것은 아니다.
(4) 대학구성원이 아닌 사람의 도서관 이용에 관하여 대학도서관의 관장이 승인 또는 허가할 수 있도록 규정한 국·공립대학교의 도서관규정은 교육을 받을 권리가 침해된다고 볼 수 없다.

2 의무교육

▶ 제31조
② 모든 국민은 그 보호하는 자녀에게 적어도 초등교육과 법률이 정하는 교육을 받게 할 의무를 진다.
③ 의무교육은 무상으로 한다.

1. 법적성격

　헌법상 교육기본권에 부수되는 제도보장

2. 의무교육의 범위

　<u>초등교육</u>과 <u>법률이 정하는 교육</u>
　중등교육 X

3. 무상의 범위

┌ 초등교육 ┬ 무상의 중등교육을 받을 권리 X
│　　　　　├ 중학교 의무교육을 단계적으로 실시(합헌)
│　　　　　└ 사립유치원의 교사인건비, 운영비를 예산으로 지원할 작위의무 X
└ 비용의 범위 ┬ 학교운영지원비를 학교회계 세입항목에 포함 → 위헌(무상원칙에 위배)
　　　　　　　├ 학교용지를 만들기 위한 비용 ┬ 수분양자에게 부담은 위헌
　　　　　　　│　　　　　　　　　　　　　　└ 개발사업자에게 부담은 합헌
　　　　　　　├ 학교와 교사 등 인적·물적 시설 및 인건비와 시설유지비 포함
　　　　　　　└ 급식비 X

4. 부모의 자녀교육권

(1) 명문규정 여부

　헌법에는 명문규정은 없으나, 제10조, 제36조, 제37조에 의해서 인정

(2) 학교교육

　학교 밖의 교육영역에서는 부모의 교육권이 우선

(3) 부모의 자녀교육권이 학교영역에서는 자녀의 교육진로에 관한 결정권 내지는 자녀가 다닐 학교를 선택하는 권리로 구체화된다.

(4) 판례
  ① 한자선택과목(합헌)
  ② 강제적 셧다운제(합헌)
  ③ 어린이집 CCTV 설치조항(합헌)

3 교육의 자주성·전문성·정치적 중립성

> ▶ 제31조
> ④ 교육의 자주성·전문성·정치적 중립성 및 대학의 자율성은 법률이 정하는 바에 의하여 보장된다.

1. 교육의 자주성·전문성·정치적 중립성
  (1) 학교교원의 정치적 활동의 자유
  (2) 판례
    ① 학교운영위원회 임의적 설치(합헌)
        의무적 설치(합헌)
    ② 국가는 일정한 범위 안에서 사립학교의 운영을 감독·통제할 권한과 책임을 진다.
    ③ 학원의 종류 중 '유아를 대상으로 교습하는 학원'을 학교교과교습학원으로 분류한 것(합헌)

2. 대학의 자율성
  ① 대학에게 부여된 헌법상 기본권
  ② 대학수능시험은 물론 각 대학별 입학전형 → 폭넓은 재량 O
  ③ 폐지법에 의해서 세무대학을 폐교한다고 해서 세무대학의 자율성이 침해되는 것은 아니다.
  ④ 대학의 장이 단과대학장을 보할 때 해당 단과대학 소속 교수 또는 부교수 중에서 직접 지명하도록 하고 있는 것은 대학의 자율성을 침해하는 것이 아니다.
  ⑤ 규율의 정도는 그 시대와 각급 학교의 사정에 따라 다를 수 밖에 없다.

4 교원지위법정주의

> ▶ 제31조
> ⑥ 학교교육 및 평생교육을 포함한 교육제도와 그 운영, 교육재정 및 교원의 지위에 관한 기본적인 사항은 법률로 정한다.

① 대학교원의 정당가입 및 선거운동의 자유를 허용하면서도 초·중등학교의 교육공무원 정당가입 및 선거운동 금지 → 평등권 침해 X
② 「초·중등교육법」 제23조 제2항이 교육과정의 기준과 내용에 관한 기본적인 사항을 교육부장관이 정하도록 위임한 것은 교원지위법정주의에 위반되지 아니한다.

③ 교원 재임용의 심사요소로 학생교육·학문연구·학생지도를 언급하되 이를 모두 필수요소로 강제하지 않는 「사립학교법」 제53조의2 제7항 전문은 교원지위법정주의에 위반되지 아니한다.

05 | 근로의 권리

▶ 제32조
① 모든 국민은 근로의 권리를 가진다. 국가는 사회적·경제적 방법으로 근로자의 고용의 증진과 적정임금의 보장에 노력하여야 하며, 법률이 정하는 바에 의하여 최저임금제를 시행하여야 한다.
② 모든 국민은 근로의 의무를 진다. 국가는 근로의 의무의 내용과 조건을 민주주의원칙에 따라 법률로 정한다.
③ 근로조건의 기준은 인간의 존엄성을 보장하도록 법률로 정한다.
④ 여자의 근로는 특별한 보호를 받으며, 고용·임금 및 근로조건에 있어서 부당한 차별을 받지 아니한다.
⑤ 연소자의 근로는 특별한 보호를 받는다.
⑥ 국가유공자·상이군경 및 전몰군경의 유가족은 법률이 정하는 바에 의하여 우선적으로 근로의 기회를 부여받는다.

· 근로기본권 ① 근로자 개인의 차원에서 보호하는 "근로의 권리"
　　　　　　② 그들의 집단적 활동권과 노동조합의 활동의 보장 "근로 3권"

1 근로의 권리의 의의

① 사용자로부터 임금을 받는 대가로 제공하는 육체적·정신적 활동
② 근로자가 자신의 의사에 따라 근로관계를 형성하고 타인의 방해를 받지 않고 근로관계를 계속 유지하며, 근로의 기회를 제공하여 줄 것을 요청
　　→ 생계비지급청구권 X

2 헌법상 기능

┌ 근로의 기회 및 조건에 대한 국가의 개입은 정당화 될 수 있다.
└ 다만, 국가자체가 고용의 기회를 직접 제공해 주는 것이 아니라 민간기업의 도움이 있어야 한다는 한계가 있다.

3 법적성격

<학설>
┌ 자유권설
└ 사회권설 ┌ 추상적권리설
　　　　　├ 구체적권리설
　　　　　└ 프로그램규정설 → 국가에게 정치적·도의적 의무를 부과한 프로그램 규정

<헌재>
사회적 기본권 → 구체적 내용은 법률로(추상적 권리설)

4 근로의 권리의 주체

- 국민 O
- 외국인 X - (예외) 일할 환경에 관한 권리는 인정 O
  　　　　　　　인간의 존엄성에 대한 침해를 방어하기 위한 자유권
- 노동조합 X

5 고용의 증진보장

6 적정임금의 보장

- 개방적개념
- 임금단일설

① 연차유급휴가에 관한 권리는 근로의 권리의 내용에 포함된다.
② 국가에 대한 직접적인 직장존속보장청구권을 근로자에게 인정할 헌법상의 근거는 없다
③ 생계비의 지급청구권을 의미하는 것이 아니다.
④ 근로자가 퇴직급여를 청구할 수 있는 권리는 헌법상 바로 도출되는 것이 아니다
⑤ 정직기간을 연가일수에서 공제할 때 어떠한 비율에 따라 공제할 것인지에 관하여는 입법자에게 재량이 부여되어 있기 때문에, 정직처분을 받은 공무원에 대하여 정직일수를 연차유급휴가인 연가일수에서 공제하도록 규정하는 법령조항은 공무원인 근로자의 근로의 권리를 침해하지 않는다.
⑥ 고용허가를 받아 국내에 입국한 외국인 근로자의 출국만기 보험금을 출국 후 14일 이내에 지급하도록 한 조항은 근로의 권리를 침해하지 않는다.

7 근로조건법정주의

사회적 평화를 위해서도 민주적으로 정당성이 있는 입법자가 법률로 정하여야 한다.

8 해고의 제한

① 해고예고제도는 최소한의 근로조건으로서 근로의 권리의 내용에 포함된다.
② 6월 미만으로 근무한 월급근로자에 대하여 「근로기준법」상의 해고예고제도의 적용을 배제하는 것은 평등원칙에도 위배되어 헌법에 위반된다.

　　　　vs

일용근로자로서 3개월을 계속 근무하지 아니한 자를 해고예고제도의 적용제외사유로 규정하고 있는 근로기준법은 청구인의 근로의 권리를 침해한다고 보기 어렵다.

9 여자의 근로보호

- 여성에 대한 차별금지
- 모성을 이유로 부당한 대우를 받거나 모성과 근로 중 양자택일을 하여야만 하는 상황이 발생하지 않도록 국가가 지원해야 함

우월한 보호 X → ∴ 남자의 근로의 권리를 침해하는 것은 X

10 연소자의 근로보호

아동에 대한 가혹한 노동과 노동력착취가 남발되었다는 역사적 반성

11 유공자 우선근로기회부여

① 국가유공자의 가족은 위 헌법 조항에 의한 보호대상에 포함되지 않는다.
② 헌법 제32조 제6항의 대상자는 조문의 문리해석대로 "국가유공자", "상이군경", 그리고 "전몰군경의 유가족"이라고 봄이 상당하다.

06 | 근로3권

▶ 제33조
① 근로자는 근로조건의 향상을 위하여 자주적인 단결권·단체교섭권 및 단체행동권을 가진다.
② 공무원인 근로자는 법률이 정하는 자에 한하여 단결권·단체교섭권 및 단체행동권을 가진다.
③ 법률이 정하는 주요방위산업체에 종사하는 근로자의 단체행동권은 법률이 정하는 바에 의하여 이를 제한하거나 인정하지 아니할 수 있다.

①항 : 근로자
②항 : 공무원인 근로자
③항 : 주요방위산업체근로자

1 법적성격

<u>사회권적 성격을 띤 자유권</u>
 국가의 배려

2 주체

- 일반근로자 : 임금, 근로 기타 이에 준하는 수입에 의하여 생활하는 자
- 실업자도 O
  - 개인 O - 개인적 단결권
  - 단체 O - 집단적 단결권
- 공무원, 교원 ┬ 근로자 O
              └ but, 독자적 체계로 규정
- 외국인 근로자도 노동조합에 가입할 수 있다.

3 단결권

① a. 단체를 구성하고 이에 가입하여 활동할 수 있는 권리
　　b. 노동조합에는 헌법 제21조 제2항의 결사에 대한 허가제금지원칙이 적용된다.
　　c. 노동조합설립신고서 반려제도는 헌법 제21조 제2항 후단에서 금지하는 결사에 대한 허가제라고 볼 수 없다.

② ┬ 소극적 단결권 : 가입하지 않을 권리 → 근거 : 제33조 X
　　　　　　　　　　　　　　　　　　일반적 행동자유 or 결사의 자유 O
　　　┌─ unionshop ┬ 소극적 단결권과 충돌 → 상위법우선의 원칙
　　　　　(합헌)　　└ 복수노조문제와 충돌 → 규범조화적 해석
　　　　　　　　　　　　(개인적단결권과 집단적단결권)
　　└ 적극적 단결권 : 가입할 권리

③ 설립신고서 반려 → 단결권 침해 X
④ 교원노조에 재직중인 교원한정 → 단결권 침해 X
⑤ 사립학교 교원은 집단행동금지 → 단결권 침해 X

4 단체교섭권

① 근로조건에 관하여 교섭할 수 있는 권리
　　└ 일반계약으로부터 근로계약의 분리를 의미
② 주체 : 단체 O, 근로자 X
　┌ 단체교섭의 당사자 : 단체
　└ 단체교섭의 담당자 ┬ 교섭권한을 위임받은 자 → 단체협약을 체결할 권한도 O
　　　　　　　　　　　└ 교섭창구단일화제도(합헌)
③ 내용 ┬ 근로조건유지, 개선
　　　　└ 근로조건과 무관한 것은 X, 정리해고 반대, 정치파업

5 단체행동권

① 쟁의행위를 할 수 있는 쟁의권
② 주체
　┌ 근로자 개개인
　├ 노동조합 또는 단체
　├ 사용자는 X → 직장폐쇄는 "노사균형론"의 입장에서 인정
　├ 청원경찰 노동운동금지 → 근로3권 침해 O
　└ 특수경비원에게 경비업무의 정상적인 운영을 저해하는 일체의 쟁의행위를 금지
　　　→ 단체행동권을 침해 X

③ 유형

　　태업, 보이콧, 피케팅

　　　　↓　　　└→ 알리는 것

　　거래·불매 중단을 호소

④ 한계 : 정치파업 X, 산업적 정치파업은 가능

⑤ 효과 : 형사, 민사책임 면제

6 공무원

① "사실상 노무에 종사하는 공무원"만 인정 → 국가공무원법

② 공무원 노동조합 → 6급 이하, 단결권과 단체교섭권은 인정

7 주요방위사업체종사자의 단체행동권 제한

8 근로3권의 효력 → 대사인적 효력도 인정 O

07 | 환경권

▶ 제35조

① 모든 국민은 건강하고 쾌적한 환경에서 생활할 권리를 가지며, 국가와 국민은 환경보전을 위하여 노력하여야 한다.
② 환경권의 내용과 행사에 관하여는 법률로 정한다.
③ 국가는 주택개발정책등을 통하여 모든 국민이 쾌적한 주거생활을 할 수 있도록 노력하여야 한다.

1 요건

① 건강하고 쾌적한

┌ 깨끗한 환경 X
└ 광의의 환경을 염두에 둔 표현

② 환경에서 생활할 권리를 가지

┌ 협의 : 자연적 환경
└ 광의 : 자연적 환경 + 문화적 환경 + 사회적 환경(判) 생수사건

2 입법취지

┌ 환경공유사상
├ 생명권, 보건건의 재산권, 영업권에 대한 우위론
└ 산업우선주의를 지양한 인간존중주의를 사상적 기초로 발생

<독일> 국가목적규정으로서의 환경권

① 목표 : 곧 이루려는 대상
   목적 : 목표의 방향

② 국가목적으로서 주관적 공권이 도출되지 않는다.
   ↳ 프로그램규정설과 추상적권리설의 차이
                    ↳ 부작위 위법소송은 가능

3 환경권의 특징

1. ① 타 기본권의 제한을 전제로 하는 기본권
   ② 의무성이 강함
   ③ 경제성장의 장애요인
   ④ 미래세대의 기본권적 성격
   ⑤ 판례
      a. 환경권에 기하여 직접 방해배제청구권을 인정할 수는 없다.
      b. 환경영향평가 대상지역 밖의 주민이라 할지라도 공유수면매립면허처분 등으로 인하여 그 처분 전과 비교하여 수인한도를 넘는 환경피해를 받거나 받을 우려가 있는 경우에는, 공유수면매립면허처분 등으로 인하여 환경상 이익에 대한 침해 또는 침해우려가 있다는 것을 입증함으로써 그 처분 등의 무효확인을 구할 원고적격을 인정받을 수 있다.

2. 다른 기본권의 전제로서의 기본권
   ─ 환경권 : 환경적인 최저생활의 보장
   ─ 인간다운 생활을 할 권리 : 물질적인 최저생활의 보장

3. 사회적 기본권

   입법방침성　　　　　　　　구체적 권리설　　　　　　　　추상적권리설
     ↓　　　　　　　　　　　　　↓　　　　　　　　　　　　　↓
   ─ 개인의 청구권 보장 X　　주민이 바로 청구가능　　　입법에 의해서 구체화 되는 것
   ─ 입법자에 대한 의무규정　　　　　　　　　　　　　　　　↓
                                                  입법이 없거나 불완전할 때
                                                  부작위위법확인 소송은 가능

4 내용

─ 소극적 침해배제 청구권
─ 적극적 생활환경 조성청구권

08 혼인과 가족에 관한 권리

▶ 제36조
① 혼인과 가족생활은 개인의 존엄과 양성의 평등을 기초로 성립되고 유지되어야 하며, 국가는 이를 보장한다.
② 국가는 모성의 보호를 위하여 노력하여야 한다.
③ 모든 국민은 보건에 관하여 국가의 보호를 받는다.

제1항 : 혼인과 가족생활은 개인의 존엄과 양성평등의 성립 + 유지 -> 국가의 보호
제2항 : 모성보호(사회적 기본권)
제3항 : 보건에 관한 국가의 보호(사회적 기본권)
　　　　┌ 건강보험제도, 무료진료, 주택개량
　　　　└ 의료보호수급권 : 질병이 있을 때 의료보험혜택을 받을 수 있는 권리
　　　　　　↳ 법률에 의하여 형성된 구체적인 권리

1 자유민주주의적 문화국가와 필수관계
　　∵ 개별성, 고유성, 다양성으로 표현되는 문화
　　　　　　↓
　　　　사회의 자율영역을 바탕
　　　　　　↓
　　　　가정의 자율부터 출발

2 (判) 제도보장
가족의 자율영역이 국가의 간섭에 의하여 획일화, 평준화, 이념화 되는 것으로부터 보호하고자 하는 것
(저자 주) 자율성의 보장(주) + 급부제공의 책무

(判) 호주제도의 위헌성
부부자산소득합산과세 위헌
동성동본혼인금지규정의 불합치

3 관련 판례
　　① 호주제도의 위헌성
　　② 부부자산소득합산과세 위헌
　　③ 동성동본혼인금지규정의 불합치
　　④ 친생부인의 소 ┌ 있음을 안 날로부터 2년 내(헌법위반 X)
　　　　　　　　　　 └ 출생을 안 날로부터 1년(헌법위반 O)

⑤ 혼인종료 후 300일 이내 친생자추정(헌법위반 O)
⑥ 육아휴직신청권 → 헌법상권리 X
⑦ 부성주의를 원칙으로 규정하고 성의 변경을 허용하지 않는 것 → 개인의 인격권을 침해 O
⑧ 출생신고시 한자범위 제한(헌법위반 X)
⑨ 인지청구의 소의 제기기간 1년(헌법위반 X)
⑩ 혼인에는 사실혼 포함 X(헌법위반 X)
⑪ 친양자 입양을 청구하기 위해서는 친생부모의 동의를 요하는 것(헌법위반 X)
⑫ 대한민국 국민으로 태어난 아동은 즉시 출생등록될 권리를 가진다.

CHAPTER 08 국민의 의무

01 | 납세의 의무

▶ 제38조
모든 국민은 법률이 정하는 바에 의하여 납세의 의무를 진다.

02 | 국방의 의무

▶ 제39조
① 모든 국민은 법률이 정하는 바에 의하여 국방의 의무를 진다.
② 누구든지 병역의무의 이행으로 인하여 불이익한 처우를 받지 아니한다.

① 국방의 의무 - 직접적인 병력형성의무 + 간접적인 병력형성의무도 포함
② 불이익한 처우 - 법적인 불이익을 의미
      병역처분 그 자체를 이행하느라 받는 불이익 X
③ 현역복무 때문에 시험을 못보는 것 → 불이익처우 X
④ 산업기능요원 1년 이상만 병역기간 단축(위헌)

MEMO

MEMO

김승봉
레전드
경찰헌법
서브노트

....

초판발행 2022년 05월 10일
개정 2판 2023년 06월 07일

편저자 김승봉
발행인 양승윤
발행처 ㈜용감한컴퍼니
등록번호 제2016-000098호
전화 070-4603-1578
팩스 070-4850-8623
이메일 book@bravecompany.io
ISBN 979-11-6743-262-9
정가 12,000원

이 책은 ㈜용감한컴퍼니가 저작권자와의 계약에 따라 발행한 것이므로
본사의 허락 없이는 어떠한 형태나 수단으로도 이 책의 내용을 이용하지 못합니다.
잘못된 책은 구입처에서 교환해 드립니다.